A VITORIA, BARAJAS

Así ha ido reuniendo sus fondos una colección única
que alcanza sus bodas de Diamante:
EL MUSEO «FOURNIER» DE NAIPES. Año 1991.

ALBERTO SUAREZ ALBA

AUTOR:
Alberto Suárez Alba

PORTADA:
Alfredo Fermín Cemillán («Mintxo»)

FOTOGRAFIAS:
José Luis Barroso
Isabel y Jesús María Bermejo
Jose Eguía

MAQUETACION:
Javier Ortiz de Guinea

FOTOCOMPOSICION:
Arriaga

EDITA:
DIPUTACION FORAL DE ALAVA
Departamento de Cultura
Servicio de Museos
MUSEO «FOURNIER» DE NAIPES
Vitoria-Gasteiz

IMPRIME:
Imprenta de la Diputación Foral de Alava
San Miguel de Acha, 7
Vitoria-Gasteiz

I.S.B.N.:
84 - 7821 - 091 - 1

DEPOSITO LEGAL:
VI - 787 / 91

INTRODUCCION

La CULTURA, con mayúsculas, debe clarificar el pasado de un pueblo, ampliar el presente y asegurar su futuro utilizando para ello todas las prospecciones posibles que involucrasen de una,u otra forma su forma de ser, de hacer y sentir. En este orden de cosas que duda cabe que el naipe y su historia forman una parte notable de nuestra historia. De la vida pasada y presente de Alava, por lo que en realidad debemos hablar de NAIPE. Si, de NAIPE, ya que gracias a estos cartones cuidadosamente elaborados nuestro pueblo ha encontrado una prestigiosa tarjeta de visita y presentación en el mundo entero.

Con Heraclio Fournier Gonzalez llegó a nuestra querida Alava allá por 1868 el arte de la fabricación de NAIPES, Cualidad heredada de su abuelo François Fournier. Por esos días constituyó en Vitoria la empresa denominada «Heraclio Fournier», punto de partida de esta gran simbiosis que hoy es ALAVA y el NAIPE, cuyo último fruto no es otro si no la próxima inauguración en el Palacio de Bendaña del Museo «Fournier» de Naipes, Museo que en este año de 1991 cumple su 75 aniversario.

En las próximas páginas tendrá el lector una oportunidad de adentrarse en esta fructífera relación, en este eterno noviazgo, inconfundiblemente descrito por nuestro admirado Alberto Suarez Alba, notable alavés que derrocha precisión, arte y dinamismo en esta obra.

Permítanme que las próximas páginas sirven de merecido homenaje a todos aquellos que de una a otra forma han colaborado en la creación, difusión y mantenimiento del NAIPE en nuestro Territorio Histórico. Gracias a esta labor continuada. Hoy en día ya un deber, el NAIPE sitúa a nuestra Alava en la vanguardia mundial de tal modo que decir NAIPE incluye también pronunciar ALAVA.

Conozcamos un poco mejor su historia, sus vicisitudes, en definitiva asumamos con agrado un apartado importante de nuestra historia.

PEDRO MANUEL RAMOS CALVO
Diputado Foral de Cultura

SARRERA

Letra handiz idatzitako KULTURAK herri baten iragana argitu, oraina zabaldu eta etorkizuna ziurtatu behar ditu, helburu horrekin herri horren izan , egin eta sentitzeko modu guztiak, era batera edo bestera, barnean har ditzaketen prospekzio posible guztiak erabiliz. Arlo honetan, ez dago dudarik karta eta beronen historia gure historiaren, Arabako iragandako eta gaur eguneko buzitzaren zati nabaria direla. Horregatik hain zuzen ere, KARTAZ hitz egin behar dugu. Bai, KARTAZ, arduraz landutako kartoi hauei esker gure herriak bisita eta aurkezpen-txartel ospetsua aurkitu bait du.

Heraclio Fournier-ekin heldu zen gure Araba maitera 1868 aldera KARTAGINTZAren artea, François Fournier bere aitonagandik ikasitakoa. Garai haietan ezarri zuen Gasteizen «Heraclio Fournier» izeneko entrepresa, gaur egun ARABAK eta KARTAK osatzen duten sinbiosi handi honen abiapuntua, zeinen azken fruitua Bendañako Jauregian laster egingo den 1991.eko urte honetan bere 75. urteurrena betetzen duen «Fournier» Karta Museoaren inaugurazioa bait da.

Ondoko orrialdetan irakurleak sukera izango du Alberto Suárez Alba arabar miresgarriak lan honetan zehaztasun, arte eta dinamismo osoz deskribaturiko harreman emankor honetan, betiereko ezkonbide honetan barneratzeko.

Zilegi bekit ondoko orrialdeak merezitako omenaldi izan ditezen, era batera edo bestera gure Lurralde Historikoan KARTAren sortze, zabaltze eta mantentze lanetan saiatu diren guztientzat. Lan leiatsu honi esker, egun ezinbesteko betebeharra, KARTAK mundu abangoardian kokatzen du gure Araba, era batez ezen KARTA esateak berarekin bait dakar ARABA esatea.

Ezagutu dezagun apur bat hobeto haren historia, haren gorabeherak; atseginez onar dezagun, azken batez, geure historiaren garrantzi handiko atal hau.

PEDRO MANUEL RAMOS CALVO
Kulturako Foru-Diputatua

INTRODUCTION

CULTURE, in the widest sense of the word, should explain the past, develop the present and guarantee the future of a people by using every possible means to discover, in one way or the other, the nature of their behaviour, their activities and sentiments. In this regard, there is no doubt that playing cards and their tradition occupy an outstanding position in our cultural heritage —in the present and past of Alava— and we should acknowledge their real importance. These carefully-made cards have provided the inhabitants of this province with a prestigious visiting card which they can be proud to present anywhere in the world.

In 1868, Heraclio Fournier González broughy the manufacture of playing cards to our beloved Alava, a skill which he had inherited from his grandfather, François Fournier. Around that date, he set up the company called «Heraclio Fournier», the starting point for this great symbiosis of what ALAVA and PLAYUNG CARDS represent today, the latest fruit of whixh is the inauguration of the Palacio de Bendaña, *the home of the «Fournier» Playing Card Museum which this year celebrates its 75th Anniversary.*

In the pages wich follow, the reader will have the opportunity of delving into this fruitful relationship, this eternal courtship, described in the inimitable style of our dear friend, Alberto Suarez Alba, distinguished citizen of Alava, who has dedicated an enormous amount of effort to the creation of this book.

May the following pages as a well-deserved homage to allo those people who, in one way or the other, have collaborated in the creation, dessemination and conservation of Playing Cards in our province. Thanks to their continuous work, which nowadays is an obligation, PLAYING CARDS have placed Alava on a world footing, to such an extent that the words PLAYING CARDS and ALAVA are synonymous.

Let us get to know their tradition a little better, in shourt, let us acknowledge an extremely important chapter in our history.

PEDRO MANUEL RAMOS CALVO
Provincial Deputy for Culture

INDICE - AURKIBIDEA - INDEX

Fournier, el innovador 17

Alfaro, el coleccionista 22

Midas, Bacante, el Precursor del Sol. 26

Gota a gota, naipe a naipe 31

Se admiten donaciones 38

Control foral, destino Bendaña 47

Monreal, como si fuera de casa 52

La mayor subasta, en Sotheby's 57

Cinco años en el Museo Británico 65

12.000 libras, precio de martillo 69

Junio 1991: La historia se repite 74

Laburpena 81

Summary 81

A VITORIA, BARAJAS

Por solamente un par de años, Félix Alfaro Fournier no puede vivir el gran momento —un momento que dura doce meses— que estamos celebrando: la hora de las Bodas de Diamante de su Museo. Aunque, visiblemente, y habiendo estado él siempre tan vinculado al conjunto de los Museos de la ciudad, mejor sería que escribiéramos bien el apellido: Museo «Fournier» de Naipes de la Diputación Foral de Alava.

Félix Alfaro Fournier, prácticamente para todos «Don Félix» —a quien a lo largo de este libro, y por haber entrado ya a formar parte de la Historia, vamos a permitirnos apearle el tratamiento—, se marchó como un pájaro, como una pluma, absolutamente sin molestar, en resumen: como había vivido, en enero de 1989, el día 23. Falleció en la misma ciudad en la que había abierto los ojos noventa y tres años antes, y en la que, desde luego, dejó su huella.

La huella que, a los efectos de la presente edición, más nos interesa: el Museo naipero que inició, no sabríamos decir si por intuición, por vocación o por azar, hace ahora setenta y cinco años, cuando, caliente aún el cuerpo del abuelo Heraclio, el más que ya mundialmente famoso «H. Fournier», descubrió en los cajones de su escritorio, recién heredado como el resto de la factoría, dos naipes españoles de exactamente un siglo y un año atrás.

El jovencito Alfaro había ido formándose, y madurando a velocidad, junto al abuelo Fournier. Cuando éste dejó el valle de las tipografías y las cartulinas de brillo, cuando aquél se sentó ante el viejo mueble y fue abriendo los cajones hasta encontrar los juegos datados en 1815, Félix acababa de cumplir sus primeros veinte años. Ya era poseedor de una aceptable colección de sellos. Su hermano pequeño, Ramón, en estos tiempos el único superviviente de los doce hermanos Alfaro Fournier nietos del fundador de la empresa, nos lo recuerda: «La filatelia fue, ciertamente, su pasión favorita. Llegó a tener las colecciones completas de España, Francia y El Vaticano. Después pasaron de sus manos a las de su hijo Juan Manuel. Carlos Santos, aquel médico ya fallecido, le ayudó a ponerlas al día. La enorme afición de mi hermano Félix por la filatelia puede ayudarnos a comprender el por qué de los inicios y del desarrollo del Museo «Fournier» de Naipes.»

Hay cuatro fechas, sin fecha —y, por supuesto, a otros niveles iremos encontrando muchas más—, en esta historia: 1896, venida al mundo de Félix Alfaro Fournier; 1916, hallazgo de los dos naipes mitológicos guardados por el abuelo, e inicio inmediato del Museo que ha terminado teniendo, y lo que andará, más de siete millares de piezas, bastantes de ellas únicas; 1970, adquisición por Fournier, en Londres y en pública subasta, de la por supuesto irrepetible colección de la compañía Thomas de la Rue, que en una jugada maestra —tal y como en otros capítulos de este libro iremos viendo— duplicó los fondos del Museo gasteiztarra; y, por fin, 1991, este año de gracia en el que conmemoramos, porque bien lo merece, el redondo año 75°, las Bodas de Diamante de este Museo que desde hace media docena de ejercicios desarrolla su vida bajo la protección, bajo las alas de la Diputación Foral de todos nosotros, los alaveses.

Iremos entrando, páginas más allá, en todos estos tiempos y mundos. Y hablando con sus protagonistas que nos quedan. Y valorando la aventura entusiasta de un día a día, de un pieza a pieza, que al final ha ido sumando muchos nombres propios.

Entre otras muchas cosas que es, es Vitoria-Gasteiz una de las capitales mundiales del naipe; prácticamente, la principal. No sólo por su muy buena fábrica de ellos, sino porque se la considera a la cabeza de los Museos de la especialidad, entre los que destacan los de Stuttgart, en Alemania; Tournhout, en Bélgica, y el de la Biblioteca Nacional parisina. Afirman los expertos que únicamente el Deutsches Spielkarten Museum, de Leinfelden-Echterdingen, es comparable al nuestro, y esto sólo si valoramos su espectacular número de barajas. Pero la prudencia les aconseja, a los responsables de todos y cada uno de estos Museos, discreción y humildad. Aunque el orgullo les anima a colocarse en la invisible cabeza absoluta del ranking.

Hasta el instante en que Félix Alfaro se hizo cargo de aquellas barajas olvidadas, había ido abriéndose camino una frase social y comercial, un slogan que era pura verdad: «De Vitoria, barajas». Porque la capital las producía, cuando fabricaba pocas cosas más, y su nombre iba, bien grande, en ellas. Tan grande, tan visible, tan internacional, que a Manu Leguineche, ese periodista vasco que ha terminado viviendo en la totalidad de los países del mundo, le resultó magnífico poder mostrar un pasaporte emitido en Vitoria-Gasteiz cuando, en una oscura y complicada folklórica frontera del Africa negra, un aduanero tan corrupto como estúpido se declaraba dispuesto a retener jornadas a viajeros procedentes de capitales expendedoras muchísimo más grandes y teóricamente muchísimo más conocidas que la nuestra. Le dijo el aduanero a Leguineche, según éste relató poco después al autor del presente libro: «¿Vitoria?...! ¡Vitoria! ¡Barajas!». Y desapareció un instante en las entrañas del chiringuito aduanero, de las que regresó portando, exhibiendo con todo orgullo una en tiempos hermosa baraja firmada por «H. Fournier» y en la que el nombre de nuestra ciudad aparecía inmortalizado. La baraja que entretenía los incontables ocios de los vistas...

Pero, a partir de aquel mismo instante en el que el jovencísimo Félix Alfaro Fournier halló las cartas mitológicas, el «De Vitoria, barajas» —siempre en vigencia, porque en vigor continúa la factoría de las naiperas y de los naiperos, desde hace cinco años gobernada por la estadounidense USPCC, cuyo primer presidente honorífico vitalicio fue, por cierto, el mismo Félix Alfaro—, aquel bien ideado slogan encontró un complemento.

Este que le da título al libro: «A Vitoria, barajas». Porque los naipes del resto del mundo, tras el disparo en línea de salida, comenzaron también a viajar hacia esta ciudad. Importantes. Interesantes. Valiosos. Curiosos. Ejemplares únicos.

Esta es la historia —y la historia de los hombres que la han hecho posible— que será contada.

FOURNIER, EL INNOVADOR

D. Heraclio Fournier, fundador de la Empresa.

Prácticamente a la misma edad que después su nieto Félix, Heraclio Fournier se inició en la toma de decisiones en el mundo de los negocios. Doce meses antes, para ser muy exactos.

Diecinueve años tenía Heraclio cuando se estableció en Vitoria. En los calendarios, el 1868. Su familia, francesa, había cambiado de aires en los tiempos de la Revolución. François Fournier, pronto Francisco, fue todo un adelantado: llegó a Burgos en 1785. Descendía de unos famosos maestros impresores de París, y se sintió por ello capacitado para montar un taller familiar litográfico. Casado con la burgalesa María del Reoyo, tuvo un hijo, Lázaro, que a su vez dio el apellido al que ha-

La Fábrica «Heraclio Fournier» en el cruce de las calles Fueros y Manuel Iradier.

bría de ser bien conocido como Heraclio Fournier, «un muchacho despierto —cuentan las crónicas—, que aprendió bien el oficio».

Ya no funciona en Burgos aquella factoría, que en sus días produjo numerosas barajas. Hace nueve años fue liquidada la fábrica, según información que nos facilita José Manuel García Gallardo, yerno del último Fournier burgalés. Negocio familiar, del que se sospecha que en su día se marchó Heraclio porque «no producía los suficientes ingresos como para mantener una familia tan numerosa». Por ello, y con las experiencias y los conocimientos acumulados a lo largo de siete años, el joven Fournier decidió instalarse en la capital alavesa. Traía fama de dominador del oficio:

La Fábrica «Heraclio Fournier» en el cruce de las calles Fueros y Manuel Iradier. Vista posterior.

lo conocía ya bien, según cuentan los investigadores de hemeroteca, en 1861, cuando abultaba sólo lo que un muchachito de doce años. Era grabador, y sus hermanos Braulio, Gervasio y Julián, estampadores. «Fournier Hermanos», empresa constituida por todos ellos, trabajaba bien, pero ello no era suficiente.

Heraclio Fournier González cayó aquí con magnífico pie. Montó su negocio, y encontró a su mujer: Nieves Partearroyo. («La abuela Nieves introdujo en Fueros, en la fábrica —nos confiesa ahora Ramón Alfaro—, el Sagrado Corazón de Jesús..., que para mí ha sido el Angel que protegió aquella factoría. ¡Eran cuatro pisos, de madera, con una sola escalera de un metro de anchura...! Parece imposible —añade— que Fournier pudiera desarrollarse, durante largos años, en una especie de cajón de madera en el que constantemente existían dos preocupaciones: el incendio y el reparto de los pesos...»).

Y, en un clima industrial y familiar favorable, Fournier González terminó convirtiéndose en el auténtico innovador del oficio de la fabricación de naipes. Hasta el último tercio del XIX, éstos eran «una graciosa artesanía». Tan artesanos como los primeros que Heraclio produjo en prensas ligeramente prehistóricas, a base de grabados de madera de boj y coloreado a mano. Poco después, la elemental prensa litográfica de Fournier González protagonizó nuevos métodos. Con nuevos modelos gráficos: Emilio Soubrier, profesor de la vieja Escuela de Dibujo vitoriana, atendió en 1875 el encargo de Heraclio Fournier para realizar las figuras (reyes, caballos, sotas, ases...) que todavía en estos nuestros tiempos constituyen la baraja básica salida de esta ciudad.

Talla de madera, del siglo XIX.

Fábrica nueva, a partir del año 1948.

Naipe que consiguió el primer premio en la Exposición Universal celebrada en 1879 en París, y modelo que diez años más tarde reformó Augusto Ríus, quien —en palabras de Paz Hernández— «dio forma definitiva a la baraja española con un diseño individualizador y universalista, libre de toda carga regionalista». Un artista notabilísimo, Ignacio Díaz de Olano, fue —y es dato para la Historia— colaborador de Soubrier en los diseños primitivos. Era uno de sus alumnos en la Escuela.

Fue compartiendo terreno la «Minerva» con las máquinas de vapor, y con ello Fournier pudo ir abandonando las piedras litográficas para incorporar el huecograbado, y el hueco-color, y el offset... «Con la aparición de la imprenta —ha escrito la misma Hernández recién citada—, la fabricación de naipes se industrializa; las técnicas, recogidas en la Enciclopedia Francesa, se prolongan, sin grandes variaciones, hasta el siglo pasado. El gran paso hacia adelante se debe a Heraclio Fournier, quien adaptó el proceso de fabricación de naipes a las innovaciones tecnológicas del siglo XIX. Un tipo de cartulina muy especial, con las esquinas recortadas, cubiertas con un barniz al agua, alcohol y goma laca, litografiada a doce colores, fue la clave de su éxito».

Por desgracia, la Historia gasteiztarra no nos ha dejado exhaustivos testimonios sobre toda esta historia sin mayúscula, y constituye un reto seguirle la pista de aquellos tiempos al abuelo Fournier. Aunque, a base de juntar los máximos testimonios escritos y orales, podemos olfatear el primer taller de estampación de que dispuso: el emplazado en el número 5 de la Plaza Nueva, local vecino del Café Imparcial y en el que las máquinas litográficas compartían el negocio, según relató hace treinta y dos años el estudioso Santiago Arina Albizu, con «el comercio de objetos de escritorio». El penúltimo, en 1887, el de Fueros número 27, esquina con Manuel Iradier, donde el nieto Ramón conoció, según nos relata, «aquel grupo manejado por máquina de vapor». «Se ponía la Líster —recuerda—, que hacía pá-pá-pá-pá-pá-pá... Las poleas... Luego hubo un diesel... Lo podría dibujar... Madera total, y con aquella escalera, para todos, de sólo un metro de anchura...» 1875 marcó el traslado de la fábrica a la calle Florida. Pero hubo todavía otro escenario: desde 1880, San Prudencio número 6. Y uno más, simultáneamente: Estación, 20, hoy Dato, para los almacenes y las oficinas. Y a Fueros, siete años más tarde, hasta llegar a la calle de Heraclio Fournier, al destino final..., hasta el inminente 1992, en que la empresa culminará su traslado a los terrenos de la carretera de Oquina, allá por Puente Alto, donde emplazó hace ya una docena de ejercicios su encuadernadora «Cibensa»: Heraclio Fournier número 19. (¿Quién fue antes: el huevo o la gallina?).

Aquel «abuelo Heraclio, hombre genial y de gran personalidad» —como le definió Ramón Alfaro en un artículo publicado en 1986—; aquel descendiente del Fournier que en el 31 de la calle St. Jacques, de París, fabricaba en el XVIII juegos de naipes; aquel sucesor del Nicolás Fournier naipero de Orleans a partir de 1775; aquel probable familiar, también, del Pierre Fournier que pasó a comienzos del siglo último a la Historia de la tipografía por proponer con éxito la unificación de tipos de las fundiciones de sistemas angloamericanos y europeos, creando el «punto» tipográfico como unidad standard, y siendo precursor de que hoy se midan los tipos de composición por puntos, picas y unidades..., aquel personaje Fournier terminó cansándose y huyendo de este mundo.

Su matrimonio con Nieves Partearroyo no le proporcionó hijos varones. Como los de aquel 1916 no eran tiempos de Koplowitzs, ninguna hija pudo heredar el trono de su industria. Y todo quedó en manos de su más adelantado nieto. Las grandes responsabilidades le llovieron a Félix nada más producirse el fallecimiento en otra capital con nombre multiplicado en millones de copias: en Vichy.

ALFARO, EL COLECCIONISTA

Aquel abuelo Heraclio «dinámico, emprendedor, auténtico lider de una familia, persona que no tenía miedo al riesgo, que buscaba en todo momento una superior perfección...» —tal como nos lo recuerda hoy su único nieto que respira en la tierra: Ramón Alfaro Fournier— había logrado introducir el veneno de los naipes, de las barajas, a sus descendientes. (Ramón Alfaro dixit: «La baraja, en realidad, es arte y cultura. La baraja no es sólo un mecanismo para jugar, sino que contiene también la expresión de acontecimientos históricos, formas de vida de época, políticas, taurinas..., de toda clase. Para lograr todo eso, estimo que hace falta un sentido artístico, y saber captar en el mercado ideas nuevas y vendibles»). Ramón, antiguo director de la fábrica, retirado hoy, vecino del Paseo de Fray Francisco, tiene, por estas casualidades que se dan en la vida, el privilegio de contemplar el exterior del Museo «Fournier» de Naipes, el palacio de Agusti, desde el salón de su propia casa. Residencia tranquila, junto al sosiego bien guardado de Ajuria Enea.

«¡Tantos años —nos comenta con gesto gráfico— con mi hermano Félix...!. Mis recuerdos son ¡tan frescos...! que los tengo en todo momento en el corazón». Y se lo toca, con otro gesto expresivo. «Yo he disfrutado siempre —añade Ramón Alfaro— del entusiasmo de Félix. Y, como último nieto de D. Heraclio, tengo la obligación de dar a conocer todo lo que ya solamente yo puedo aportar».

Un hombre, este único nieto vivo, que estrictamente conserva sus recuerdos naiperos no materiales, ya que todos los restantes —sus barajas, sus libros, sus apuntes, su correspondencia...— los ha ido regalando, decididamente, al Museo de enfrente de su casa: «No tengo colección alguna. ¿Para qué habría de servirme, si tengo ahí mismo toda la colección, todo el Museo...?». Un Alfaro —otro...— que tiene éste como principal tema de conversación: «Sobre los naipes, estaríamos hablando un día entero, una semana completa, todo un mes... Y es que son importantes. Una simple baraja, que tiene un precio ínfimo para todo lo que representa, es capaz de satisfacer toda clase de preferencias por un juego o por otro, desde el solitario pasando por juegos sociales y profesionales (mus, brisca, julepe), hasta llegar a los muy intelectuales (bridge) y los de azar (baccará, poker).»

En tarde de paseo, bajo los árboles enormes, el nieto único sonríe y deja centellear sus ojos: «¡Tiempos aquellos...!. Recuerdo a nuestras famosas naiperas: guapas, arregladas... Eran todo un espectáculo. Y también las muchachas de Orbea. Había siempre gente esperando la entrada y la salida de ambos grupos, para verlas bien. Pero las nuestras paseaban más céntricas: por Fueros...».

Según recuerda Ramón Alfaro Fournier, las cualidades «creativas y eficaces del abuelo», su inteligencia tan viva y su peculiar carácter terminaron siendo asimilados por la persona que vivió, en la fábrica, más cerca suyo: el joven Félix. Nada más fallecer el empresario fundador, tuvo que hacerse cargo de todo. Aunque no en solitario, como nos cuenta su hermano Ramón:

—Tuvo, en aquellos momentos delicados, trascendentales, la ayuda de un gran colaborador, de un hombre excepcional: José de Lorenzo; de segundo apellido, Partearroyo..., esto es, como mi abuela. José de Lorenzo, padre de Agustín, quien después trabajó siempre con enorme eficacia junto a nosotros. Era, José, más ma-

D.' Félix Alfaro Fournier.

duro que mi hermano Félix, y un fuera de serie. Mi hermano tuvo desde aquel primer momento a alguien con quien poder comentar, matizar, consultar las decisiones. Ambos se repartieron el trabajo: José se ocupaba de la fabricación; Félix, de la Dirección administrativa...

De la figura de Félix Alfaro —figura que pertenece ya a la Historia, con mayúscula, vitoriana— es fácil recoger, en general, testimonios favorables. Probable y anecdóticamente, los más negativos podrían ser aportados por el propio autor del presente libro, y se remontarían a los primeros años 70, cuando, desde su púlpito de presidente del Consejo de Administración de ECASA, nos torpedeó a dos entonces ilusionados periodistas de «Norte Exprés» la participación en la aventura de lanzar una revista semanal gasteiztarra: «Resumen Gráfico Alavés»; publicación que, tras una verdadera agonía publicitaria a la que quisieron condenarla los menos progresistas sectores capitalinos, no pasó, al final, del número 14. Pero ésta, ciertamente, es otra historia, que solamente encaja aquí, y en esbozo, para aportarle los máximos deseos de objetividad a este trabajo.

Los restantes testimonios, habitualmente —insisto—, son favorables, y va a ser por ello por lo que van a destacar. Porque todos sus familiares, y sus principales colaboradores en la fábrica, y sus amigos personales..., todos ellos, recuerdan a Félix Alfaro como un ser original, inteligente, curioso, mecenas, artista y generoso. El retrato que podemos ir completando sobre él nos terminará ayudando, sin duda razonable, a entender por qué y de qué manera el Museo «Fournier» de Naipes nació y fue desarrollándose hasta llegar a lo que es hoy. Agustín de Lorenzo, hijo de aquel José, padre del actual Pepe, ha sido tan discreto como expresivo en el recuerdo. Nos ha relatado una anécdota:

—Iba D. Félix conduciendo, y vio el gesto de un auto-stopista. Le recogió. A los pocos kilómetros, dijo a su invitado: «Bueno..., si le parece a Vd., vamos a parar ahí mismo a comer». Invitó a su acompañante. Y, al reemprender la marcha, el pasajero, no sabiendo ya cómo, le dijo: «Voy a darle un consejo, señor: tenga Vd. más cuidado cuando coja a alguien en la carretera. Puede ser un ladrón. Yo pensaba robarle a Vd., pero, viendo cómo me ha tratado, por supuesto que ya no puedo hacerlo...». Ese era D. Félix.

«Cuando conducía —nos cuenta, cuando lo entrevistamos en Barcelona, otro hombre de confianza de los Alfaro Fournier: Luis Monreal Tejada—, era..., de poner los pelos de punta. Pero al final tenía grandes reflejos, y un Angel de la Guarda muy especial. Yo iba a su lado cuando nos paró un guardia, en Vitoria. Félix, como saludo, le preguntó: «Agente: ¿qué le debo?». Y el policía le respondió, sorprendido y sin gana alguna de multarle: «No, D. Félix..., es que quería preguntarle si tenía Vd. en «Fournier» algún trabajillo para un hijo mío que ...»

Aquel viejo «Simca», blanco, de Félix Alfaro es también perfectamente recordado por el fino torero Enrique Orive, para quien el empresario fue, más que un típico protector o mecenas, como un segundo padre. Hay trozos de la vida de Alfaro Fournier en el hogar de María Asun y Enrique, en Fueros: cuadros, cartas..., barajas, ¡cómo no!. «Te envío —a fecha 12 de junio del 65— el primer ejemplar de la nueva Baraja Taurina. F. Alfaro. Vitoria». Los dibujos, de Antonio Casero. Por ejemplo.

Maíllo, el popular chófer («mecánico», decía el propietario de «Fournier») de Félix Alfaro, transportó repetidamente en aquel «Simca» el esportón, la caja profesional del torero Enrique Orive, «con dos o tres trajes de luces, para no volver en ocho días: para Sevilla, el blanco; para otras Plazas, el tabaco y oro...» El empresario-mecenas seguía, arena tras arena, a su torero. Diestro que contemplaba, de paso, las etapas en que Félix iba montando —y entramos ya de lleno en su faceta de coleccionista de casi todo lo que para él tenía interés— el que después se convirtió, y en El Portalón estuvo, en Museo Taurino:

—Ibamos a Salamanca, él y yo. A casa de Cuchareta, la de los mejores capotes y trajes de paseo. Y conseguía D. Félix, para su colección, el traje de Machaquito, el capote de Antonio Montes..., y luego, al final, acumulaba mis propios capotes y muletas para su Museo. O mandaba disecar, por los Carasa, un par de cabezas de Miura.

Por aquellos años 54, 56..., Enrique Orive acompañó en incontables ocasiones a Félix Alfaro al Rastro:

—Adquiría espadas, armaduras..., que guardaba en la fábrica hasta que llegó la ocasión de crear el Museo de Armería, el que lleva en la placa del Paseo de Fray Francisco su nombre. Se mostraba interesado, en aquellos viajes a Madrid, por el origen de cada pieza. Exigía sus certificados. Se sentía orgulloso y enormemente satisfecho de encontrar buenas piezas. Sabía invertir: a veces, pagaba cuatro gordas..., por piezas que valían poco más tarde media fortuna.

También el torero Orive le acompañó a comprar sellos, y monedas, y libros..., y naipes, claro está. «Logró reunir —nos dice Enrique— la mejor colección de barajas del mundo. Recuerdo que tenía un naipe de plata, ¡precioso!. Y otro que apareció en los muros de una cárcel...».

Alberto Sáenz de San Pedro, antiguo director comercial de «H. Fournier», trató también, desde otro observatorio diario y excepcional, con Félix: «Le interesaba todo —afirma—: barajas, cuadros, armaduras, sellos..., catedrales. Dominaba los campos de los que se enamoraba. Fue, por ejemplo, un buen pintor».

—Leía mucho, mucho, de madrugada —agrega—. Mejoraba cada día su cultura. Y regalaba libros. Transmitía sus descubrimientos; no quería guardarlos sólo para sí mismo... Contaba las cosas, las historias, como si las hubiera protagonizado. Relataba la Batalla de Vitoria, y explicaba: «Aquí se encontraba Wellington, y allí...». Aprovechaba, para mejorar su cultura, los viajes de negocios. En Milán, por poner otro ejemplo, me hizo subir al Duomo. Y estuvo tomando notas para la catedral de nuestro pueblo. Nunca perdía un segundo. Fue, ciertamente, el auténtico autor de la Nueva Catedral. Yo le ví contratar a canteros gallegos, y llevarles el aguinaldo de las Navidades, animándoles a seguir. Cuando venían a fábrica extranjeros, les llevaba a ver la catedral, trepando por mínimos andamios. Su Angel fue verdaderamente de la Guarda: nunca le ocurrió nada. Llevando en coche a unos norteamericanos, se le salió el volante..., y como si hubiera seguido en su lugar. Uno de los viajeros le dijo a D. Félix: «Ha sido la primera vez que he rezado, después de mi Primera Comunión»...

Y el propio autor cierra este capítulo relatando otra anécdota vivida a comienzos de los años 80: viaje en Talgo a Madrid, y encuentro con Alfaro. «¡Hombre... —dice él,— te voy a enseñar algo que te va a interesar; seguro!. Y extrae del attaché un álbum de billetes de Banco, de los impresionantes —tanto por su significación histórica como por las monumentales cantidades más que millonarias que representaban..., aunque de bastante poco sirvieran— billetes de la Alemania nazi, II Gran Guerra. Total..., casi trescientos minutos, Vitoria-Madrid, escuchando explicaciones letradas y precisas sobre tales billetes, sobre tales circunstancias, sobre tal época... Un viaje tan inolvidable que es recordado aquí.

MIDAS, BACANTE, EL PRECURSOR DEL SOL...

D. Félix Alfaro Fournier, en su despacho de la fábrica ubicada en Fueros / Manuel Iradier.

En setiembre de 1988, justamente cuatro meses antes de que Félix muriera, ciento cincuenta expertos, llegados desde veintiseis países, se reunieron en Vitoria-Gasteiz. Celebraron aquí, por vez primera en los territorios estatales, la convención anual de la Sociedad Internacional de Naipes, o, por decirlo más correctamente, de The International Playing-Card Society.

En aquella ocasión, el presidente de la Asociación de Naipes y Tarots de París, Thierry Depaulis, se refirió a Félix Alfaro llamándole «hombre de las artes y capitán de la industria, coleccionista de sellos, de armaduras, de naipes y de muchísimas otras cosas, erudito, y sobre todo un loco enamorado de los cartoncitos coloreados».

Sigamos con Depaulis, que va a centrarnos en la historia concreta de este capítulo:

—Alfaro cuenta que las primeras cartas del Museo, las encontró él mismo en un cajón, en 1916, después de la muerte de su abuelo fundador, D. Heraclio; hoy, son los números 120 y 161 de la sección española de la colección. De hecho, la colección no despega realmente mas que a partir de los años 40, cuando Félix Alfaro tiene la oportunidad de actuar con la misma pasión generosa con la que había coleccionado sellos de Correos. Cada viaje era una ocasión para nuevos descubrimientos, en donde el interés comercial (estudiar a la competencia) se unía a los placeres de la erudición. Anuncios colocados acá y allá vendrían a completar los fondos ya reunidos. Y en 1970 llegó la coronación, con la compra en pública subasta y en Londres de la casi totalidad de la colección del cartista inglés Thomas de la Rue.

Llegaremos a esto último —De la Rue, 34 y 35 de New Bond Street, lunes 30 de noviembre del 70— cuando sea su tiempo debido, que justamente habrá de coincidir, porque constituyó el definitivo remate del Museo gasteiztarra, y su consolidación internacional, con los capítulos finales de este libro. Y nos centraremos en aquel paso cronológico: en el momento en el que Félix Alfaro Fournier se sienta ante el escritorio del abuelo, recién fallecido éste, y realiza un doble descubrimiento: por una parte, las barajas mitológicas de 101 años antes; por la otra, su afición-vocación de coleccionista, a partir de ese instante, de barajas.

Parece que estaba inédita la fecha exacta en que aquel momento se produjo. Pero los viejos papeles de una persona tan meticulosa y anotadora como Alfaro nos la facilitan. Conocíamos repetidamente el año, 1916, pero ahora podemos precisar del todo: el 26 de octubre.

Dos años antes, Félix —a sus dieciocho

Baraja mitológica fabricada en Madrid por Josep Monjardín, en 1815.

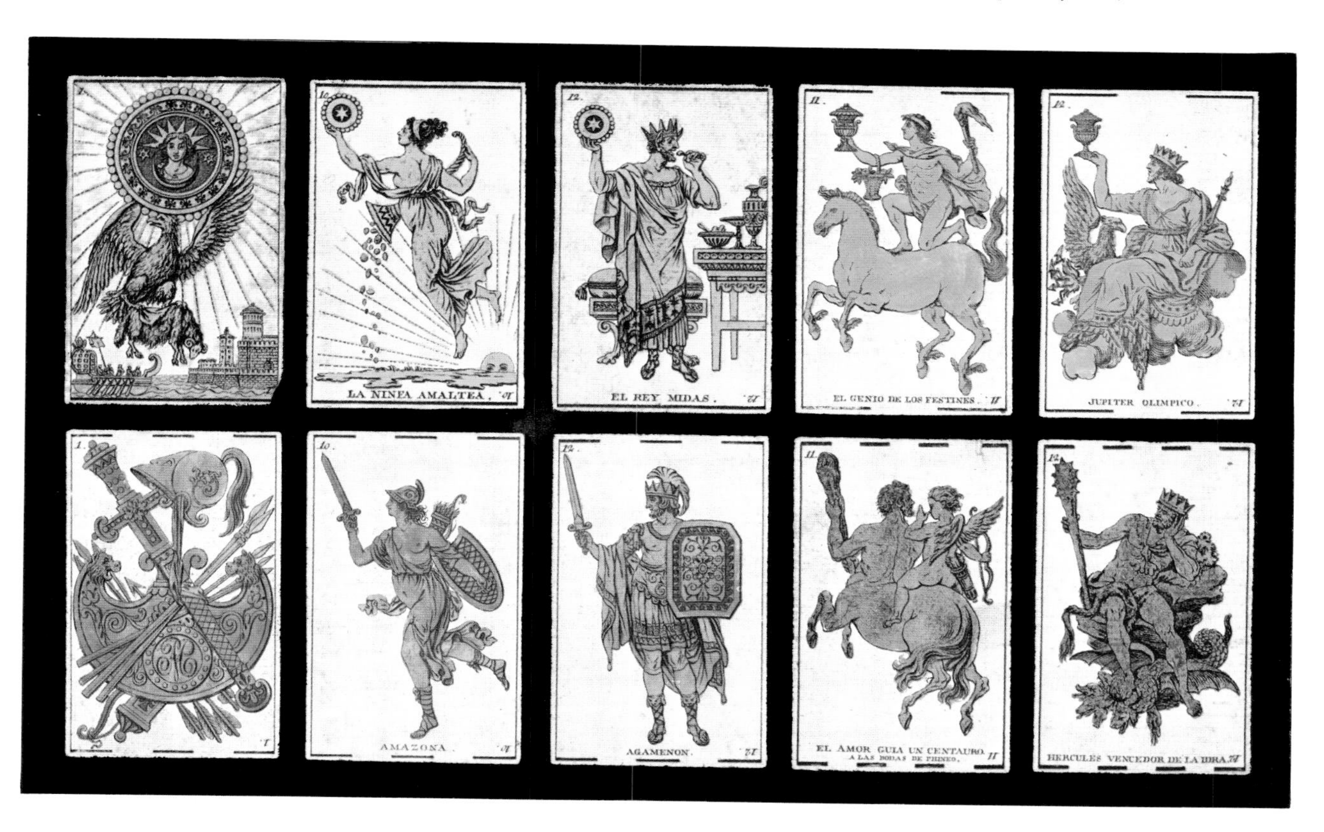

recién cumplidos— había acompañado a su abuelo Heraclio a la Feria de Munich, con el doble objetivo de estudiar nuevos procedimientos de impresión y conocer a fondo el muy notable Museo de Bielefeld.

Cuando, dos años después de aquel viaje a Alemania, encontró las barajas, podemos pensar, bastante razonablemente, que a Alfaro Fournier se le reprodujeron las imágenes de Bielefeld, y fue entonces cuando tomó la decisión de iniciarse en el coleccionismo de barajas. Lo que parece claro, según los testimonios que nos aporta su hermano Ramón, es que el abuelo Heraclio no guardaba aquellos naipes con intenciones museísticas, «sino para realizar con ellos estudios de calidad acerca de la competencia».

—Era normal —afirma Ramón Alfaro Fournier— que nuestro abuelo estudiara las características de las producciones ajenas. Conozco una carta manuscrita por él, y fechada en 1888, en la que ofrecía una serie de características necesarias para la fabricación de una buena cartulina a un fabricante con el que trabajaba.

En 1989, «H. Fournier» tuvo el detalle de reproducir una de aquellas dos barajas mitológicas, de tipo español y cuarenta y ocho cartas. La presentaba así: «Reproducción de la Baraja Mitológica Española editada en 1815 por Josef Monjardin en Madrid. Con esta baraja se inició el Museo «Fournier» de Naipes en 1916. La baraja original se encuentra en el Museo «Fournier» de Naipes, dependiente del Servicio de Museos de la Diputación Foral de Alava, en Vitoria, a cuyo Departamento de Cultura agradecemos la gentileza de su cesión».

Fueron respetados con todo escrúpulo las formas y los colores originales. El reverso es de rombos. Los personajes, evocadores y formidables: Bacante, el Rey Midas, la Ninfa Amaltea, el Precursor del Sol, el Genio de los Festines...

«Cuando concebí el propósito de adquirir naipes antiguos —escribió Félix Alfaro, en 1972, en la presentación del segundo catálogo que su empresa dedicó al Museo que almacenaba en la primera planta de sus propias dependencias—, nunca pude esperar que con la constancia y el tiempo pudiera haber llegado a reunir tan variados e interesantes ejemplares».

—Fue a la muerte de mi abuelo Heraclio Fournier, en 1916 —proseguía, en palabras textuales—, cuando al hacerme cargo, por su deseo, de la Dirección de esta empresa creada por él, pude admirar, al abrir uno de los cajones de su despacho, la belleza de dos juegos españoles de comienzos del siglo XIX.

Con ello, Alfaro Fournier reforzó su entrada en un universo que admite todas las posibilidades e incluso todas las manías: el del coleccionismo. Explicación de quienes entienden: «El hobby de coleccionar se justifica por diferentes razones. La sicológica podría estar en el humano deseo de la perfección, y también en el no menos humano de enriquecerse. Pero la verdad es que la colección de cualquier cosa es, ante todo, un entretenimiento que contribuye a vivir mejor. El coleccionismo es una actividad que los hombres practican desde tiempos remotos: a lo largo de la Historia, nos encontramos con el divertido e ilimitado mosaico de todos los coleccionismos habidos y por haber, desde los más populares y difundidos hasta los más raros e insospechados».

¡Y tanto...! Se celebran anualmente Ferias de Coleccionismo en ciudades como París y Génova, y en ellas participan especialistas tan increíbles como los que les siguen la pista internacional a las arenas (rosas de Jordania, negras de Canarias,

Baraja mitológica fabricada en Barcelona, por Maciá, hacia el año 1830.

blancas de Tobago...), los cantos rodados, los biberones y sonajeros... Y los que coleccionan entradas de cine, botones militares, pinturas en cáscaras de cacahuetes o en huesos de cerezas, cascos de bombero..., ¡y hasta cuerdas de ahorcado!

Y, en este mundo de los naipes, un montón de submundos: los de quienes coleccionan las barajas completas, las standard con caras diferentes, los reversos distintos, los naipes de tarot, los comodines o jokers... Y, esto, en toda la Tierra, empezando por Europa entera —funcionan asociaciones especializadas en Francia, Gran Bretaña, Italia, Alemania, Austria, Suiza...— y siguiendo por los Estados Unidos norteamericanos. Clubs prestigiosos, como International Playing-Card Society (otra vez Depaulis: «Una gran mayoría de las gentes no imaginan lo que se esconde detrás de estos pequeños pedazos de cartón un tanto perversos: un extraordinario campo de investigación en el que el Arte y la Historia se dan la mano, en una especie de lenguaje críptico»). O como la Asociación de Coleccionistas de Naipes y Tarots, que edita el boletín «L'As de Tréfle/El As de Trébol», y cuyos componentes estudiaron a fondo el Museo Fournier hace seis años. O como, por fin, la Asociación Española de Coleccionismo e Investigación del Naipe (ASESCOIN), que tiene sede central en Alcorcón, en Madrid, y de la que es socio honorario Ramón Alfaro.

Quien nos explica:

—Nació esta Asociación, precisamente, en Vitoria y como consecuencia de la convención celebrada en setiembre del 88 por la Sociedad Internacional de Naipes. Publicamos una revista, «La Sota», así como una baraja anual, y diversos catálogos referidos a naipes actuales, modernos.

En aquel setiembre, el entonces diputado titular de Cultura de Alava, José Ramón Peciña, calificaba así el coleccionismo de naipes: «Se trata de una riqueza documental que hace referencia a unas etapas de producción, al reflejar los saberes que crearon las piezas. Muchos de los temas que tratan los naipes constituyen un bien y una riqueza cultural que tenemos que impulsar».

Presente también en la convención de la IPCS, el promotor de dicha Sociedad, Trevor Denning, abundaba en idéntica línea: «Los naipes nos aportan la historia de la gente corriente, una gran cantidad de información secundaria. Podemos ver una evolución clara, ya que es como un registro gráfico que ha evolucionado lenta y constantemente».

Féliz Alfaro conectó de inmediato con los coleccionistas del mundo entero. Era, para ellos, técnicamente hablando, un «coleccionista santo»; esto es, «uno de aquellos que han dedicado toda su vida al naipe porque lo han fabricado ellos mismos», en palabras de Depaulis.

Ahora, su hermano Ramón tiene el testigo. Dice: «Con los coleccionistas, he tratado de cubrir el gran vacío de Félix».

Con la baraja entre manos siempre. Con esa misma baraja a la que, en «Memorial de Isla Negra», cantaba Neruda así:

«Sólo seis oros,
«siete
«copas, tengo.
«Y una ventana de agua.
«Una sota ondulante,
«y un caballo marino
«con espada».

GOTA A GOTA, NAIPE A NAIPE

Museo «Fournier» de Naipes, ubicado en la fábrica de la calle Heraclio Fournier, hasta el año 1986.

«Coleccionista santo» por evidente definición, Félix Alfaro fue doctorándose en esta faceta —rastrear, calcular, ofrecer, conseguir, conservar...— complementaria de su propio oficio. Aprovechando viajes. Consiguiendo contactos directos, telefónicos o postales. Lanzando los anzuelos en busca y captura de las piezas mejores. Aceptando —él, que nunca fue tacaño— la generosidad de los demás. Adquisiciones, regalos..., con remites desde todo el ancho mundo.

—Toda, toda, toda, toda..., toda la colección fue reunida por mi hermano Félix —le confiesa hoy el nieto superviviente al autor—. Toda la colección —agrega— fue posible gracias al tesón y a la constancia de Félix, quien puso en ella mucho dinero suyo personal. Gota a gota...: así fue naciendo el Museo «Fournier» de Naipes. Naipe a naipe. ¿No resulta evidente que el mérito es todavía mayor...?.

«Unicamente —recuerda Ramón Alfaro— fue masiva la adquisición de los fondos de De la Rue, que vinieron a duplicar, de la mañana a la noche, la colección que teníamos.»

Este Alfaro Fournier acompañó a su hermano, en incontables ocasiones, en sus viajes al extranjero.

—A partir del comienzo de los años 70, los fabricantes de naipes de toda Europa

Carta laqueada de un juego persa.

adoptamos la costumbre de mantener reuniones anuales, cada vez en un país: en España, Gran Bretaña, Francia, Bélgica, Alemania, Italia, Austria, Suiza... Un fabricante francés, precisamente, puso en marcha, con «Fournier», la idea. No fallábamos a ninguna de esas reuniones, especialmente yo, y un buen testigo de ello, y compañero de nuestros viajes, fue también Sáenz de San Pedro. En aquellas citas se hablaba de todo: materias primas, diseños, marketing de los naipes en su necesidad de marchar hacia el público... Intercambiábamos las barajas que producía cada fabricante, las tarifas de precios, las condiciones de venta...

«Yo —prosigue Ramón Alfaro—, habitualmente, contemplaba, escuchaba..., pero Félix era el que se movía, el que sacaba ideas para crear barajas, el que buscaba naipes aprovechando estos viajes y encuentros... Y es que mi hermano y yo siempre tuvimos bien definidos nuestros campos: él, por ejemplo, era más de Madrid; yo, más de Barcelona, gran tierra para la materia prima de la cartulina, y gran potencia histórica en naipes. Félix se volcaba más, dentro de la empresa, en lo comercial y financiero. Nosotros, Agustín de Lorenzo y yo, más en el desarrollo, en la calidad del producto, en la investigación y en los costes».

Recuerdos y nostalgias del más joven Alfaro Fournier, cuando la vida profesional le ha jubilado y la personal, la que más libremente puede ser escogida, le ha llevado hacia la Mariología y hacia otra dedicación muy concreta: la Cofradía de los Amigos de San Prudencio de Armentia. El naipe, por la estampa.

«¿Que cuándo le dio mi hermano el primer impulso a la colección...? Pues fue en un momento muy determinado: nada más terminar nuestra guerra, en el 39. Tuvo la genial idea —otra más...— de publicar unos anuncios en todos los periódicos de España, pregonando sus deseos de comprar las mejores barajas que le fueran ofre-

Primera baraja impresa por Heraclio Fournier en Vitoria el año 1868.

Seis cartas de un Tarot Milanés de finales del siglo XV.

cidas. Tuvo una enorme vista, porque está claro que era el momento. Y logró muy buenas piezas. Ese fue el auténtico punto de partida del Museo. A partir de entonces, Félix fue haciendo adquisiciones por toda Europa. Compraba muchísimo en los anticuarios de París. Con los coleccionistas ingleses, llegó a hacer incluso una buena amistad...».

Unicamente un reproche, por parte de Ramón Alfaro, hoy, hacia lo que fue consiguiendo su hermano: «No pude convencerle, por mucho que lo intenté, de que en el Catálogo que creó, sobre el Museo de Naipes, debía destacar las diferencias entre los tarots y los tarocks». Y el Alfaro Fournier que felizmente aún nos vive se entusiasma con el tema, y le ofrece al autor una lección tan improvisada como magistral sobre las semejanzas y lo contrario de tarocks y tarots. Sigue siendo verdad que la familia Fournier, sobre naipes, lo sabe todo.

Naipe a naipe, fue conquistando Félix el reino cuya Prehistoria nadie conoce. Fue logrando barajas redondas, ovaladas, sin colorear, en plata, iluminadas a mano... Piezas de un mundo lúdico e industrial cuya paternidad primera sigue constituyendo un gran misterio: ¿Oriental, como el ajedrez; egipcia; introducida en España por los musulmanes...? Un mundo que Alfonso X el Sabio no llegó a recoger —y, por lo tanto, a conocer— en su Libro de Juegos.

El mérito coleccionador de Alfaro Fournier fue impresionante, y para entenderlo nos bastaría con analizar un dato: nada quedó, para la Historia, de los primeros tiempos de las diferentes fábricas que creó su abuelo. Hace veinte años, para un reportaje periodístico, el autor de este libro le hizo la siguiente pregunta a uno de los hijos de Félix, y director de la empresa durante muchos años, Juan-Manuel Alfaro Caballero:

—¿Se conserva alguna «pieza de museo» de aquellos primeros tiempos de la fábrica: planchas, moldes, ejemplares de naipes...?

Y la respuesta fue desoladora:

—En absoluto. Todo se perdió.

En este sentido, la permanente buena estrella de Félix Alfaro le condujo, en el año 59, al comercio de un anticuario parisino. Y allí encontró, buscando desde luego otros objetos, la primera baraja que «Fournier» imprimió en nuestra ciudad novecoleccionista iba por delante suyo. Personas que guardaban barajas familiares, de sus parientes, le escribían a D. Félix y se las ofrecían, al tener noticia de su interés y de su Museo. D. Félix las compraba. Bastantes naipes, sin haberlos podido ver mas que por fotografía o fotocopia. Y, al propio tiempo, muchos amigos suyos, viajeros por el mundo, fueron cogiendo la costumbre de traerle naipes de recuerdo, aunque lógicamente, en estos casos, se

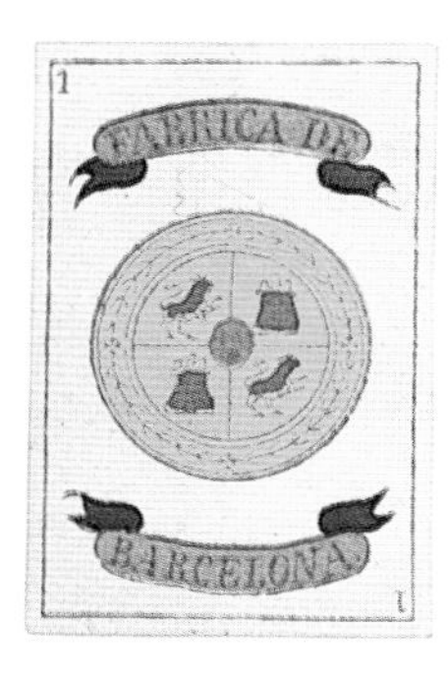

Baraja de Torrás y Lleó, fabricada en Barcelona, a finales del siglo XIX.

venta y un años antes. Ni un solo ejemplar de la misma, que se supiera, existía en España. Allí, en la «rive gauche», el heredero de Heraclio Fournier «adquirió a toda prisa aquel naipe —recordaba Juan-Manuel Alfaro—, porque lo cierto era que hasta entonces desconocíamos cuándo, verdaderamente, nuestra empresa comenzó a producir sus barajas».

Un testigo de excepción, Alberto Sáenz de San Pedro, conoció cómo, en muy diferentes ocasiones, Félix, en el Rastro, arrasaba, arramplaba con todo. «Los anticuarios —dice— le respetaban, y le guardaban las mejores piezas. Muchos, en realidad, le conocían, porque su fama de

trataba de piezas muy modernas».

—Anticuarios especializados en naipes, sellos y monedas le llamaban a D. Félix desde todo el mundo; sobre todo, desde Gran Bretaña, Alemania y Estados Unidos. También desde Norteamérica, sí, porque, aunque esa nación no tiene mucha Historia, sí que posee abundantes fortunas..., y muchísimos coleccionistas que en ciertos momentos se desprenden de piezas de total interés. Así, fueron surgiendo, y llegando hasta nuestra fábrica y su Museo, ejemplares verdaderamente interesantes y antiguos.

«Y luego —prosigue— estaban las subastas. Firmas importantes ponían a la

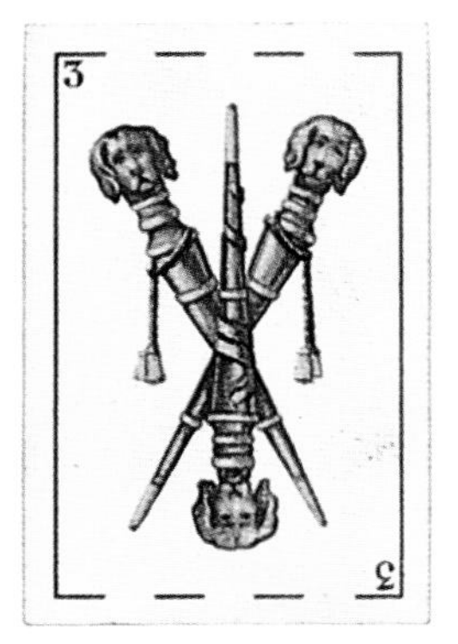

Baraja de Simeón Durá, de Valencia, fabricada hacia el año 1900.

Barajas «La Gaditana S.A.», Cádiz, elaborada el año 1918.

venta naipes de colección. Nos daban los precios de salida, y les contestábamos. Había que pujar por correspondencia. ¡Qué alegría, cuando nos notificaban: «Ha sido para Vds...»! Les enviábamos el dinero, y de inmediato recibíamos los naipes.»

«Cuando recibíamos nuevos ejemplares, tras las subastas —detalla Sáenz de San Pedro—, D. Félix disfrutaba de una forma especial. No se cansaba de mirar y comentar: «¡Mira qué maravilla; mira qué bonito...!».

Habitualmente, el tandem no adquiría en sus viajes, o en las subastas, segundos ejemplares de naipes ya integrados en el Museo de la fábrica. «Y, cuando nos llegaba alguno que ya teníamos, por lo que fuera, D. Félix se negaba a desprenderse del mismo. Yo le argumentaba: «Vendiéndolo, podríamos comprar otros...». Pero D. Félix me cortaba la iniciativa con un «Deja, deja...»

Recuerda viajes por Europa, y detalla: «En Milán, cualquier rato libre lo quería dedicar D. Félix a preguntar por viejos naipes. Y así encontramos, por ejemplo, seis cartas sueltas, de Bembo, sobre pergamino, coloreadas a mano y repujadas en oro. Eran otros tiempos, porque hoy resulta ya extremadamente difícil, por no decir imposible, encontrar a la venta alguna pieza muy buena».

Otra vía, segura y definitiva, de flujo de ejemplares naiperos hacia el Museo vitoriano: los procedentes de empresas a las que absorbió «Fournier». Al adquirir esas empresas y sus correspondientes marcas, Félix Alfaro fue haciéndose con todos los fondos de las mismas. Algunas fábricas fueron compradas con el claro propósito —por otra parte, lícito— de eliminar a im-

Baraja realizada por Luis Guarro, en Barcelona, el año 1896.

Baraja de Juan Roura, fabricada en Barcelona a finales del siglo XIX.

portantes competidores. Eran cerradas las naves de producción, y prácticamente no se aprovechaban ni siquiera algunas máquinas en la capital alavesa.

En este sentido, las investigaciones que hemos realizado durante más de un año para escribir «A Vitoria, barajas» recogen datos muy concretos: en el año 30, Alfaro consiguió las marcas de la Unión de Fabricantes de Naipes de España, que eran Guarro, Torras y Gabarró. En 1962, adquirió Roura, y después fueron cayendo, como en cascada, Olea, González, Durá, La Gaditana... Hubo marcas, como en el caso de «Los Dos Tigres», que «Fournier» quiso continuar fabricando. Todas las otras fueron víctimas de la ofensiva anuladora de la competencia.

SE ADMITEN DONACIONES

Compró muchísimo. Félix Alfaro Fournier se cansó, aunque él era hombre que no se cansaba nunca, de adquirir naipes y naipes. Y fueron abundantes, asimismo, los que recibió. Amigos, familiares, empleados que aprovechaban viajes y querían darle al regreso una buena sorpresa al patrón, colegas, impresores..., gentes que, en definitiva, habían ido oyendo hablar de la afición del coleccionista de barajas, y se acordaban de él.

Baraja de Hija de Braulio Fournier, Burgos fabricada el año 1932.

En este sentido, si pretendemos profundizar en el tema, son de consulta obligada los dos pequeños catálogos y los otros dos más definitivos libros que Félix preparó: «Los Naipes. Museo Fournier». Queda engarzado, a lo largo de las páginas de todos estos volúmenes, un interminable rosario de mínimas, medianas y respetables donaciones, independientemente, claro está, de todas las reseñas referidas a las piezas que Alfaro y «Fournier» fueron adquiriendo. Y existen, por otro lado, numerosísimas fichas sueltas, que vienen a complementar las referencias anteriores.

¿Quiénes eran los santos aficionados, o las santas empresas, que se acordaban del fabricante vitoriano y querían obsequiarle, entusiasmarle, ayudarle a ir mejorando su Museo...? Pues, en primer lugar, sus propios competidores: los fabricantes de todo el mundo. Incluyendo, naturalmente, a los familiares burgaleses, aquella «Hija de Braulio Fournier» que, por ejemplo, remitió a su pariente un par de barajas de su propia fabricación y fechadas en 1932. Y, en la provincia de al lado, una curiosa fabricante de Torrecilla en Cameros, casi al pie del Puerto de Piqueras: la señora Pinillos de Vallejo, que había dirigido una factoría naipera entre los años 1835 y 1870, y cuyos descendientes se acordaron del Museo Fournier y le enviaron, no sólo un naipe de aquel 40, sino también dos tallas en madera, con veintiocho y veinticuatro cartas, respectivamente.

Naipes y Especialidades Gráficas, de Barcelona, remitió en 1972 la baraja conmemorativa del 75° aniversario de Naipes Comas, y después, hasta ahora mismo, ha continuado regalando al Museo su producción. Lo mismo hace, naturalmente, «Fournier». Y, dando un buen salto al charco, descubrimos algunos obsequios de la propia U.S. Playing Card Company, de Cincinnati; justamente, la multinacional con sede central en Ohio, fábricas en los Estados Unidos y en Canadá y nada menos que un 86,67% de las acciones de «Fournier» desde hace cinco años, tras una operación empresarial de la que los sucesores del emprendedor Heraclio salieron con solamente el restante 13,33 por 100. Por cierto, y es el momento de contarlo aquí, en este libro, que la unión de la USPCC con «Fournier» ha convertido

Baraja con marca «El León», fabricada en Torrecilla de Cameros por Pinillos de Vallejo, hacia el año 1850.

Baraja de Pedro Comas, fabricada en Barcelona, en el año 1829.

310 A

Barajas de la United States Playing Co, en Cincinnati, los años 1972 y 1984.

a esta empresa (o, mejor dicho, a la otra...) en «el mayor núcleo fabricante de naipes en el mundo», superando en nada menos que cuatro veces la facturación de la segunda productora que ocupa puesto en el ranking planetario.

Antes de adquirir la mayoría desahogada de «Fournier», la U.S. Playing Card Co. regaló a Félix Alfaro tres barajas, a saber: la de los Presidentes USA, compuesta por cincuenta y dos cartas conteniendo caricaturas de Nixon, Wallace, Humphrey..., que salió de las prensas el año 72, y dos naipes correspondientes a la XXIII Olimpiada de Los Angeles, editados en 1984.

Entre los fabricantes-donantes más generosos, encontramos pronto a los italianos. Las fichas de Félix Alfaro nos lo confirman: los Arienti, Picciotto, Del Negro, Masenghini, Modiano, Solleone..., son apellidos que tienen mucha repetición en las listas de los espléndidos. Emilio Picciotto, de Arenzano, batió el record: no solamente regaló al Museo Fournier barajas italianas, sino también algunas suizas. Sus piezas de las de no pagar eran naipes romanos, napolitanos, sicilianos, piamonteses, lombardos, y varios de tipo francés. Dos de esas barajas corresponden a lo que podríamos esperar de un buen italiano: abundancia de reproducciones de obras artísticas, tanto de Roma como de Florencia.

Vito Arienti, editor de reimpresiones de naipes antiguos en Lissone, remitió tarots desde su empresa «Solleone»: reproducciones del geográfico y heráldico de Pepoli, de 1725; el popular piamontés, basado en el tarot de Venecia, del 800; el histórico de la Corona Férrea, de Cumppenberg, del 844..., y algo así como una docena más. Por su parte, Teodomiro dal Negro, de Treviso, fabricante como todos los que estamos citando, envió a Alfaro Fournier tarots y barajas adivinatorias: la Novecento, la del Gran Corso, la de las Fortificaciones. Modiano, de Trieste, más tarots. Masenghini, de Bérgamo, el Juego del Cucú y alguna que otra baraja publicitaria...

Después, los colegas de los países germánicos, que en las notas de Alfaro no son otros que Alemania, Austria, Bohemia y Checoslovaquia. Piatnik e Hijos, de Viena, facilitó barajas de los años 30 de este siglo, y varias reproducciones de otras mucho más antiguas: la baraja austríaca «de la Corte», de 1460; la botánica coloreada a mano por Löschenkohl en 1806..., y, naturalmente, la conmemorativa de su propio 150° aniversario como fabricante. Leinfelden, Spielkarten y Karl-Otto Spangemacher colaboraron muy decididamente en las tareas recolectoras de «Fournier».

Una portuguesa, María Gonzaga Ribeiro, de Lisboa, regaló piezas muy valiosas, y abundantísimas: una baraja constitucio-

Baraja Mercante in Fiera, por Teodomiro dal Negro, de Treviso, en 1975.

Tarot «Conchiglie Divinatorie», fabricado por Vito Arienti, de Lissone, en 1975.

Baraja de Fotometalgrafia, de Bolonia, en el año 1975.

Baraja impresa por Modiano, de Trieste, en el año 1975.

Baraja austríaca «Hofamterspiel», impresa por Ernst Rudolf Ragg, de Viena, en 1460. Reproducción.

Baraja de Juan Gerónimo Loschenkohl, de Viena, el año 1806. Reproducción.

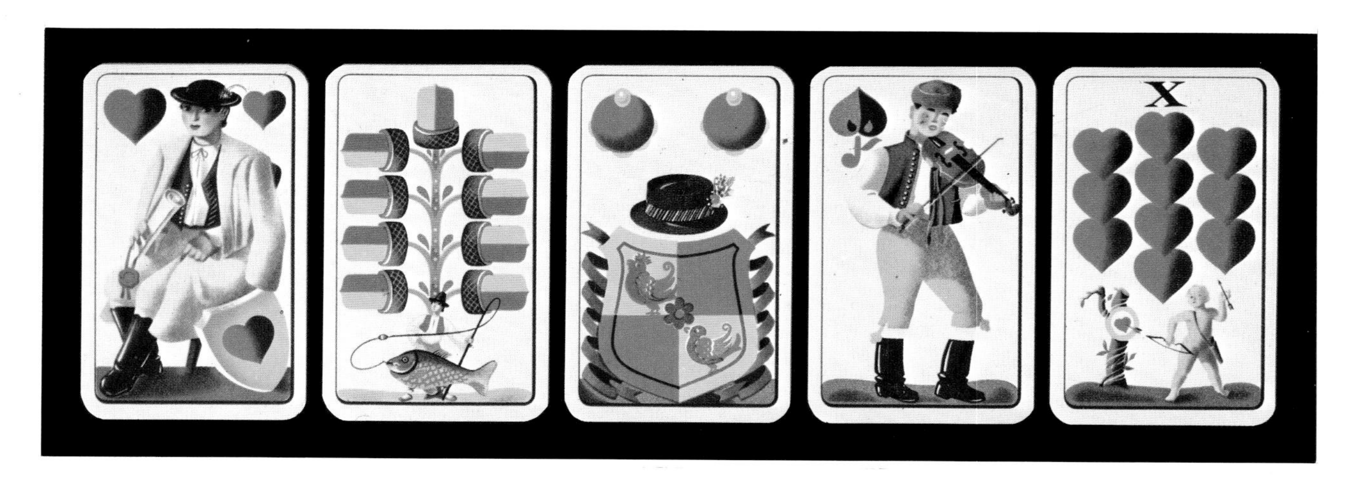

Baraja checa, realizada por Piatnik, en Praga, hacia 1940.

Tarot «Representaciones cósmicas», impreso por AG Müller, en Schaffhausen, en el año 1975.

Baraja «Reyes de Francia», fabricada por Grimaud, France-Cartes, en Paris, el año 1982.

Baraja «Fontenay aux Roses», de Duserre, París, año 1984.

nal, por poner un ejemplo, grabada en cobre y coloreada a mano, original, hacia 1821; otra española, con dibujos de Mestres, de 1902; la baraja Alfabeto de los Dedos, para sordomudos, sobre un sistema inventado en el siglo XVII por John Wallis; otra del fabricante Pedro de la Colina, impresa en xilografía en 1864..., y de verdad que muchas más.

El suizo Müller, de Schaffhausen, facilitó el naipe conmemorativo de su ejercicio número 150, así como barajas caricaturizadoras, y francesas, y tarots de representaciones cósmicas. También debe ser citado, en pura justicia, otro coleccionista: Max Ruh, representante en Suiza de la IPCS.

Y, destacadamente, asimismo lo merece el caso de Michael Goodall. Aunque la Colección Goodall, de los fondos del Museo «Fournier» de Naipes de la Diputación Foral de Alava, llegó integrada en la espectacular de Thomas de la Rue, el citado Michael, uno de los descendientes de aquella firma Goodall —también, director del Museo de la Aviación, de Londres, y coleccionista—, ha venido regalando a Vitoria-Gasteiz otros muchos ejemplares de valor.

En las fichas aparecen algunos otros fabricantes más, aunque ya menos volcados en la tarea: empresarios protagonistas de entregas casi meramente simbólicas. Son los Aspioti Elka, de Atenas; Grimaud/

Barajas «Políticas», impresa por Carta Mundi en Turnhout, el año 1976.

Baraja «Ukiyoe». Fabricada por ACE Playing Card, en Tokio, el año 1975.

Baraja «Unique», impresa por Playwell Printers, de Bombay, en 1989.

France Cartes, Duserre, Imprimerie MBP y France Cartes, de París; Heron, de Burdeos; Carta-Mundi, de Turnhout, en Bélgica; Oberg, sueco de Eskilstuna...

J.C. Ricard, parisino, destaca entre quienes, particulares, también se acordaron de la existencia del Museo «Fournier». Remitió a Alfaro diversas barajas publicitarias, y dos interesantes reediciones: el naipe Gran Siglo Luis XIV, de 1664, y la Baraja Equestre, de finales del XVII. Naipes remitidos por particulares llegaron, según nuestros datos, desde lugares tan diferentes como Sintra, en Portugal; Tánger; San Marino; Munich; Kinkeveen, en Holanda; Odensa, en Dinamarca; Toronto; Helsinki; Oslo; Sao Paulo; Richmond y Washington; Buenos Aires; Japón; Israel; Amsterdam; Túnez; México; Bombay... Paquetes misteriosos, abiertos pronto con la atención suspendida. Piezas, una sobre otra, para el Museo. Otra más. Otra más.

En ocasiones, claro está, esos paquetes ni siquiera llegaban a existir. No hacía falta: habrían contenido naipes que estaban ya en Vitoria, traídos por viajeros de aquí; de todo el País Vasco. Han sido tantos y tan diferentes, son tantos y tan diversos..., que el autor pide excusas a sus lectores, y fundamentalmente a esos donantes tan numerosos, por omitir las listas; unas listas de las que, seguramente, alguien terminaría descolgado. Lo de casa..., lo dejamos en casa.

Alguien muy vinculado a la fábrica de Vitoria-Gasteiz, y autor de la exhaustiva «The Encyclopedia of Tarot», Stuart R. Kaplan, fue excepcional colaborador de Alfaro en la diaria revitalización de su Museo. Kaplan era, profesionalmente, el agente de la empresa en los Estados Unidos de América, el hombre de «Fournier». Y se volcó en la tarea de remitirle a Félix piezas tan variadas como el tarot de Guido Bolzani, de Milán; el English Fortune, con base en el tarot de Marsella; el Rider-waite; la baraja conmemorativa del Bicentenario estadounidense, con folleto redactado por el propio Kaplan y dibujos de Gorsline; la baraja humorística Citizens Band, dibujada por Yates; los tarots Zigeuner, The Starter, Oswald Wirth, Stairs of Gold...; el egipcio «La Iglesia de la Luz»; el tarocchino y el tarocco de Menegazzi; el juego de la fortuna «Flores Adivinas»; la reimpresión de la baraja impresa sobre boj, en 1535, por Wolfgang Rösch en Nuremberg; la baraja «Historia de los Negros», de Langley Newman; la «Globo», con todos los Estados norteamericanos; el tarot japonés «Ukiyoe», creado por Koji Furuta... Desde sus oficinas de Nueva York, este tratadista ya clásico, Stuart R. Kaplan, facilitó a Alfaro, no sólo todas estas, sino varias docenas de barajas más.

Tarot «Morgen-Geer», impreso por Morgan & Morgan Inc., Nueva York, en 1980.

Juego de las «Banderas», impreso por U.S. Playing Card, Cincinnati, en el año 1896.

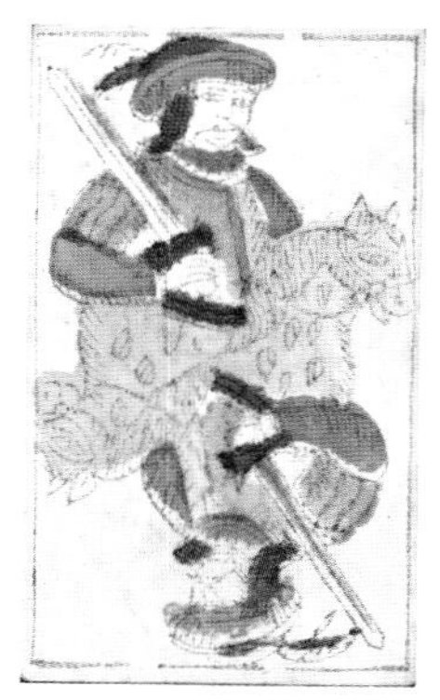

Baraja impresa por Pd. Domingo Mose, de Málaga, en el año 1813.

A buen seguro, terminaría con la paciencia del lector la insistencia en el detalle de las muy abundantes fichas que fue preparando, con su bien conocida constancia, Félix Alfaro Fournier. Es preciso, cerrar, por ello, este capítulo, aunque no sin antes recoger otras tres breves referencias curiosas, a saber:

- La colaboración de ciertas personalidades en la tarea del coleccionista Alfaro. Dos ejemplos: el Marqués de Lozoya hizo llegar desde Madrid una baraja de estilo español, y otra francesa para solitarios, II Imperio, impresa en el siglo XIX por Hocier en París; y Javier Salas, por entonces director del Museo del Prado, se acordó del Museo Fournier cuando viajaba por Japón: aportó un juego Hana-Karuta, salido en 1972 de las prensas que Nintendo posee en Kioto.

- Trevor Denning, residente en Birmingham y reconocido experto en temas de naipes, llegó en su libro «Spanish Playing-Cards» a la conclusión de que el más extendido y destacado diseño de barajas, en todo el mundo, es el de «H. Fournier», «y es también en Vitoria donde se encuentra el mejor Museo del Naipe». Pues bien: el propio Trevor Denning fue quien le regaló a Félix Alfaro el Juego de las Banderas compuesto por trece series de cuatro cartas e impreso en Cincinnati, en 1896, por U.S. Playing Cards..., como decíamos, la actual mayoritaria en la factoría vitoriana.

- Dentro del apartado «América Hispano-Portuguesa» que establece Félix Alfaro en su obra «Los Naipes. Museo Fournier», figura una baraja de estilo español y cuarenta cartas, basada en el modelo «Fournier» y de marca «Victoria»..., fabricada hacia 1915 por antiguos empleados de la empresa alavesa ¡en Buenos Aires! Un doble mundo de sorpresas, este del naipe y este del Museo Fournier...

CONTROL FORAL, DESTINO BENDAÑA

...Museo Fournier que, al final del camino y también al final casi de los tiempos de Félix Alfaro, cambió de propietarios: de la empresa más que centenaria a, sencillamente, la totalidad de los alaveses. Cuando lo adquirió, la Diputación Foral de nuestro Territorio quiso que continuara conservando su título. Así, el Museo «Fournier» de Naipes realizó un corto viaje, desde la calle de nombre tan repetido hasta el Museo de Bellas Artes. Todo terminó allí, es decir, aquí: los antiguos moldes, la biblioteca especializada, el pliego xilográfico del Alto Rhin —la estrella del «Fournier», que, conforme veremos al final justo de esta obra, cuando alcancemos el momento culminante de la persecución naipera de Félix Alfaro con la adquisición de la colección entera de Thomas de la Rue en Londres, tiene vejez de cinco siglos y es pieza única—, los tarots, las barajas tan metódica como pacientemente logradas...

Ya en 1948, cuando una ampliación del edificio de la calle Heraclio Fournier le permitió a la empresa hacerlo, se había dado un serio paso en orden a esta verdadera popularización del Museo del Naipe vitoriano: en una larguísima sala interior, con muchas docenas de vitrinas en el centro y a ambos lados, las más interesantes piezas de la colección quedaron expuestas a

Palacio de Augusti, lugar donde se encuentra ubicado, actualmente, el Museo «Fournier» de Naipes.

la curiosidad de todos. Alaveses y forasteros pudieron contemplarlas sin más limitación que el orden y el concierto.

También bastantes años más adelante, y en su segundo tomo dedicado a «Los Naipes», Félix Alfaro habría de escribir: «El destino más noble y de mayor eficacia social de las grandes colecciones particulares es precisamente el llegar a convertirse un día en Museo público, con lo cual vienen a cumplir una función de mucha mayor amplitud y eficacia». Pocos meses antes de fallecer, el nieto mayor de Heraclio Fournier se congratulaba, visiblemente, de lo ocurrido tres años antes. Ese segundo libro «Los Naipes. Museo Fournier» data de 1988, y el 20 de junio del 86, en nuestro Museo de Bellas Artes, en el sector más señorial de la urbe, se había celebrado el acto oficial de reinauguración del Museo de Naipes, adquirido el año anterior por la Diputación Foral en la cantidad simbólica de ciento cincuenta millones de pesetas.

Ciertamente simbólica, ya que el valor real de la colección reunida por Alfaro Fournier era enormemente mayor que aquella cifra, y cada día que pasa, como es natural y dada su condición de conjunto de piezas únicas, sigue aumentando.

—Partiendo de la base —explicaban, en aquel 1985, nuestras autoridades forales de Cultura— de que sería muy difícil precisar cuál es el valor exacto del Museo, por cuanto si se vendieran uno a uno algunos de los magníficos ejemplares que conserva, el precio se dispararía de manera increíble, pensamos que lo que ha pagado Diputación no es más que una señal de reconocimiento. Porque Félix Alfaro, su titular, ha dado pruebas sobradas, a lo largo de su vida, de desprendimiento y amor a la provincia. Lo único que ha ocurrido es que los problemas que padece la empresa, en este ambiente general de crisis, han hecho que la cuestión se planteara de nuevo, y si en principio no se barajaba dinero ahora se ha fijado una cantidad. Pero lo entendemos perfectamente.

Aquel 20 de junio del 86, al reabrirse el Museo de Naipes en sus nuevos locales —tres luminosas salas del antiguo palacio de Agusti—, continuaron produciéndose palabras de reconocimiento hacia los ex-propietarios: «La apertura de este Museo al público —se indicó oficialmente— debe ser un homenaje a esta familia vitoriana por su dedicación al arte y la cultura alaveses, y por un último gesto de extraordinario valor: haber propiciado que esta muestra tan importante y codiciada, incluso en el extranjero, pueda permanecer en la ciudad donde nació, para orgullo de todos nosotros».

«Era una pena —opina, en nombre de la familia, Ramón Alfaro Fournier— que esta maravilla de colección estuviese en la fábrica, aislada de los medios culturales y, a pesar de las visitas, del pueblo de Alava. Mi hermano Félix vivió la cesión con una intensidad tremenda, porque todo fue obra suya. Nos costó mucho desprendernos de esta colección, desde el punto de vista sentimental».

Pero ha valido, si pensamos en los intereses generales, la pena. Porque esta «colección más rica del mundo en naipes antiguos», esta «mejor colección de ejemplares valiosos, raros, curiosos y bellos de esta especialidad de las artes gráficas», como se la viene definiendo, se encuentra mejor cuidada y protegida que en ningún tiempo, incrementa sus fondos de una forma constante —en menos de año y medio (entre el 1° de enero de 1989 y el 15 de junio del 90), fueron adquiridas y recibidas en donación exactamente dos mil cuatrocientas cuarenta y nueve barajas—,

Palacio de Bendaña, futura sede del Museo «Fournier» de Naipes.

y encima, para que nadie pueda dudar del acierto de aquella decisión de traslado, atrae, con el de Bellas Artes, al mayor número de las personas que visitan los Museos de Alava: una más o una menos, treinta mil por año.

La antigua cuidadora y encargada del Museo «Fournier», Marisa de los Cobos, quien trabajó en diaria proximidad a Félix Alfaro, lo ha repetido en todo momento: «...Y es que en un Museo como este se halla recogida la Historia de los tiempos, porque la Historia de la Humanidad, de cada sociedad, se refleja en sus naipes. Así, en este Museo los hay heráldicos, religiosos, geográficos, guerreros, alfabéticos, silábicos, políticos...».

—Hay una baraja de plata —ha quedado escrito, con todo ritmo—, lacada en rojo y verde, que procede del Perú. Hay naipes indios redondos. Hay exóticos juegos japoneses y chinos. Hay naipes en los que la ropa de la gente no está pintada, sino que es de seda. Los hay de madera, y del siglo XV, pintados a mano. Otros muy pequeñitos, y con caricaturas políticas de la época de Isabel II...

Todavía, en las fechas en las que el presente libro sale de las prensas, al Museo «Fournier» de Naipes le presta salas el de Bellas Artes alavés. Será por poco tiempo, ya que en jornadas del último verano el diputado titular de Cultura anunciaba la adquisición —y, contando desde ahora mismo, año 91, el inminente acondicionamiento— de un edificio singular y privativo: nada menos que el histórico palacio de Bendaña. La sede del Museo dedicado a tan mágicos cartones tendrá, por lo tanto, esta nueva, y parece que formalmente definitiva, dirección: Cuchillería, 56.

Aunque en un principio los responsables forales pensaron en dedicar Bendaña, aparte de a Museo de Naipes, a centro cultural para esa segunda vecindad de la tan popular calle, finalmente se ha decidido albergar en exclusiva el «Fournier» en el que el desaparecido arquitecto Emilio Apráiz calificó y clasificó como «el primer monumento plateresco de Alava»; desde luego, una espectacular mezcla de los estilos plateresco y gótico tardío.

Ciento cincuenta millones —aparte del talento de los arquitectos Garbizu, Catón y Lasagabaster— terminarán haciendo el milagro de lograr que olvidemos las naves de la antigua carpintería de «Hijos de Teodoro de Aguirre» y terminemos encontrando, entre la galería perimetral, la impresionante bóveda de las escalinatas y todo el resto de elementos que componen el antiguo palacio de los López de Arrieta y de los Escoriaza-Esquível..., que encontremos, decimos, las piezas únicas que fue coleccionando Alfaro Fournier. En el tajo de los ebanistas, los jardines de acceso. En las dependencias superiores, el no va más del mundo naipero y barajero...

—El Museo «Fournier» de Naipes —declaraba el diputado José Ramón Peciña en julio del 90— dispone de muchos más fondos de los que ahora se muestran al público, por lo que se requiere un espacio más amplio que el actual. Hemos querido acometer un ambicioso plan para acondicionar el palacio de Bendaña, con la idea de contar con un Museo único a nivel mundial. Estamos convencidos de que el «Fournier» va a quedar muy potenciado, a partir de su traslado a Bendaña.

Entre la Cuchi, la Pinto y el cantón de Santa Ana, en este edificio que han contemplado vitorianos de casi media docena de siglos, detrás de las piedras de Fontecha y los escudos de armas, nuestro Museo «Fournier» de Naipes de la Diputación Foral de Alava podrá dedicarse con medios y espacio, y dentro ya de nada, a la triple tarea que le han marcado los responsables de Cultura: la investigadora, la pedagógica y la expositiva.

Y, curiosamente, a la vez que el Museo, en este bienio 1991-92, va a cambiar de sede —otra vez más, y parece que también la definitiva— la propia empresa que lo puso en marcha: USPCC traslada «H. Fournier», con sus cuatrocientos cincuenta empleados y todas sus máquinas a cuestas, a la que puede ser considerada como la verdadera prolongación de la calle dedicada a don Heraclio: la partida de la carretera hacia Oquina.

A contar desde muy pronto, tras la fachada que es patrimonio histórico-artístico —y que, por lo tanto, deberá quedar respetada por los intereses inmobiliarios que edificarán viviendas sobre esa base de trece mil metros cuadrados— no sonarán ya las máquinas de imprimir. Seiscientos millones han justificado la mudanza, independientemente de algún otro factor muy digno de ser tenido en cuenta: la adaptación de la empresa a los tiempos y a las tendencias, el dimensionamiento inteligente, la deseable conexión física de «Fournier» con su encuadernadora «Cibensa»...

Fábrica y Museo, por uno de estos juegos de la vida, se mueven a la vez. Ella, siempre en punta. El, siempre especial.

Un completísimo Museo, como bien sabemos, que sólo fue tan extraordinario a partir del año 70, cuando dos personajes —aparte de Félix Alfaro, su permanente amigo y colaborador Luis Monreal Tejada— se encelaron con una idea: hacerse, vía subasta Sotheby's, con la que había de constituir, no ya toda una segunda mitad, sino, encima, la mejor parte. Se entusiasmaron con la idea, persiguieron la colección de la compañía Thomas de la Rue, y al lograrla convirtieron en ciertamente único en el mundo el Museo vitoriano.

Aquel segundo hombre, prácticamente tan culpable como Alfaro de haber sabido lograr algo tan singular para todos nosotros, merece titular un capítulo. Este que sigue.

MONREAL, COMO SI FUERA DE CASA

Encontramos, hoy, a Luis Monreal Tejada en la acelerada, por pre-olímpica, Barcelona. Nada en él parece haber cambiado. Continúa resultando el mismo señor de siempre. El nos contará —seguimos acercándonos...— lo que probablemente termine resultando lo más novedoso del presente trabajo de investigación: el desarrollo pormenorizado de lo que fue, con resultados increíbles hasta para el propio Félix Alfaro, la preparación y la conquista de la gran subasta en Sotheby's. Pero antes trazaremos, narradas también por él mismo, tanto la figura como la peripecia de este zaragozano que se crió en Vitoria-Gasteiz y a quien la guerra 36-39 terminó haciendo recalar en tierras catalanas. Para muchísimos de allí, la verdad es que Luis Monreal Tejada es un puro barcelonés.

—Mi padre fue trasladado, como catedrático, a la Escuela Normal del Magisterio de Vitoria, y por ello yo viví en vuestra ciudad entre los años 1916 y 26; exactamente, de mis 4 a mis 14. Al final, mi padre obtuvo un nuevo traslado a Zaragoza, pensando sobre todo en los estudios superiores de mi hermano Adolfo y míos. Pero yo emparenté con muchos importantes vitorianos en aquellos diez años; amigos de mi misma edad: Eduardo Velasco, Miguel Apráiz, Ramón Alfaro Fournier...

«Ibamos a jugar —recuerda Luis— a la casa de D. Julián Apráiz, el arquitecto de la Nueva Catedral. Justamente, donde han establecido ahora su sede las Juntas Generales de Alava, en la esquina de Prado con Vicente Goikoetxea. Utilizábamos el sótano, el gimnasio y, naturalmente, la huerta que hoy es jardín. Había dentro dos billares. Hacíamos comedias. Trabajaba en la casa un delineante, Mariano Basterra, que solía llevarnos de excursión. Era un tipo estupendo. Le pedía permiso a D. Julián, para poder atendernos y pasearnos, y dejaba el tablero de dibujo... Con todo ello, he llegado a almacenar unos recuerdos de infancia, de infancia vitoriana, ciertamente extraordinarios.

Hasta sus cuarenta y tres años de vida, hasta 1955, Luis Monreal Tejada no tuvo vinculaciones con «Fournier». A partir de aquel año, todas. «Ocurrió así —nos cuenta en su despacho de Barcelona—: un empresario catalán, buen amigo mío, quiso que le imprimieran un catálogo para una impresionante colección de relojes antiguos, la más importante del mundo. Para prepararlo, se puso en contacto con «Fournier». Pero había que articular el tema, corregir las pruebas, autorizar el diseño..., y para todas esas tareas pensó en mí. Así que yo llegué a Vitoria, a la fábrica, y me encontré con mi antiguo condiscípulo Ramón Alfaro, y con Félix, y con otros muchos buenos amigos. Los Alfaro Fournier fueron al grano: «Tenemos representante de naipes en Barcelona, pero el tema de ediciones ni lo tocamos allí; no contamos con nadie». Me ofrecieron el puesto, y comencé a trabajar con ellos. Empecé desde cero, y lo cierto es que con mucho éxito. Hasta el punto de que, a plena satisfacción por ambas partes, he trabajado en «Fournier», desde Cataluña, durante treinta y dos años, hasta el 87».

Monreal Tejada mantiene todavía una muy buena relación con la empresa de nuestra ciudad, y esto a pesar del cambio de propietarios:

—Y es que siempre he sido, en relación con «Fournier», un colaborador como si fuera de la casa... Trabajar con los Alfaro, para mí, era como ser de su propia familia. He viajado mucho, sobre todo, con Félix, y él no consideraba que se trataba de un equilibrio jefe-empleado, sino algo mucho más especial. Hubo muchos momentos en que cualquier función o tarea de carácter intelectual que era preciso abordar en «Fournier» me terminaba correspondiendo a mí.

En este sentido, verdaderamente, Luis Monreal fue el prologuista de las dos primeras publicaciones que «Fournier» editó a propósito de su Museo de Naipes. Encontramos en las mismas sus opiniones:

- «Fournier» sabe perfectamente todo lo que su actividad actual debe a los naiperos de antaño, y por eso quiere tenerlos siempre ante los ojos como repertorio de ejemplar artesanía.

- La formación del Museo ha sido labor de muchos años, buscando incesantemente los ejemplares salvados de la incuria y del olvido, tan crueles con los objetos de uso, que una vez gastados se desechan o se destruyen. Estos naipes patinados por las manos de varias generaciones son para nosotros una reliquia de nuestro propio oficio, de nuestra misma razón de ser.

- El del naipe es un pequeño mundo en el que el mundo grande tiene su espejo.

Siempre ha escrito bien Luis Monreal Tejada. Y rápido. El mismo nos ha contado junto al Mediterráneo una anécdota nunca publicada: «Para una convención que se iba a celebrar en Mallorca, con nada menos que cinco mil participantes, una empresa nos pidió, con sólo un mes de margen, sugerencias para una edición especial. Nos parecía toda una misión imposible, pero de repente nos dimos cuenta de que esa necesidad podría darles salida a varias ediciones fracasadas de láminas con reproducciones de lienzos famosos. «Fournier» se había pillado las manos con tales láminas, que no parecían tener ninguna posibilidad de venta. Pues la tuvieron: se me ocurrió ofrecerle a aquella firma un libro especial titulado «Cinco pintores españoles», aprovechando las láminas en color y con un texto mío; texto que redacté en un solo día, encerrándome entre las 5 de la madrugada y las 8 de la noche en una habitación del Hotel Canciller Ayala, a solas con los folios y la máquina de escribir. A los veinticinco días exactos de aquella hazaña en el Hotel, mientras podía ver de reojo el Parque de la Florida y la Catedral de D. Julián Apráiz, el libro, bien encuadernado y encima en idiomas francés e inglés, estaba en Mallorca. A la vez que quedamos magníficamente con los clientes..., le quitamos peso al almacén».

El excepcional y permanente contacto de Luis Monreal Tejada con Félix Alfaro Fournier le permitió asistir a abundantes momentos solemnes: cuando el empresario descubría y podía adquirir cualquier nueva baraja.

—Félix era un coleccionista apasionado y nato. Un hombre, en todos los sentidos, impresionante. Recuerdo sus Museos de Armas, Taurino, de la Batalla de Vitoria... Y su entusiasmo por la Nueva Catedral de vuestra ciudad. Yo participé, como amigo de ambos, en el fichaje de Enrique Monjó para esculpir los relieves del trascoro. Monjó era íntimo amigo mío, desde que coincidimos en el Servicio de Recuperación Artística. Yo vine a Barcelona como comisario del Patrimonio Artístico...

Una pieza de infarto cayó, de repente, en las manos de Alfaro Fournier. Se trataba de una baraja española entera, que pronto fue considerada por expertos como «la más antigua del mundo».

—La compró Félix cuatro o cinco años antes de morir. La verdad es que no sabría

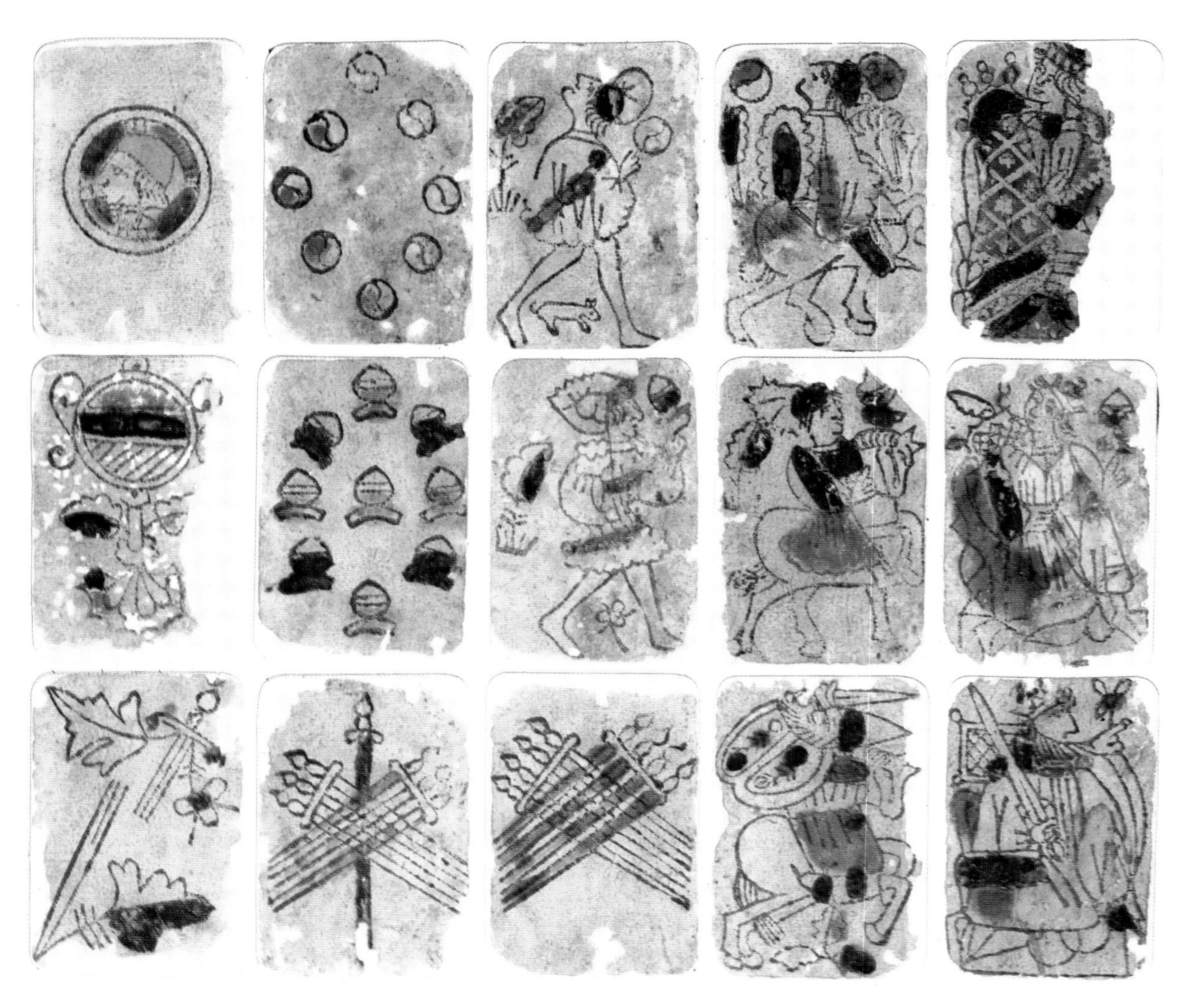

Naipe fabricado posiblemente en España / Cataluña, a finales del siglo XIV.

decir de dónde la sacó. Estaba completa, aunque comida en algunas partes, y con agujeros. Me preguntó Félix, desde Vitoria: «¿Crees que se podrá restaurar?». Me la envió. Acudí, portando la pieza única, a la Escuela de Bibliotecarios de Cataluña, de la que precisamente he sido profesor; Escuela que mantiene un magnífico Taller de Restauración de Papel. Los expertos se atrevieron: «Somos capaces de restaurarla». Y han realizado una labor modélica. Aunque se aprecia ligeramente cuál es la parte auténtica y cuál la restaurada en cada pieza, aparentemente ni se nota.

La historia, apasionante para cualquier seguidor de este tema del coleccionismo naipero, continúa: «Entretanto, yo había hecho examinar la cartulina en el Museo del Papel de Capellades, un antiguo molino papelero, pueblo cercano a Igualada, en la cuenca del Anoia. Analizaron el papel de aquella baraja, y me dijeron que perfectamente podría datar del siglo XIV; y que, si así no fuera, habría nacido en el XV, y nunca más tarde. Y es lo que ocurre: nadie posee hoy ningún naipe del siglo XIV. Si pudiéramos terminar demostrando que esta baraja nació en aquel siglo, resultaría ser, sin discusión posible, el naipe más antiguo del mundo».

Buen investigador e historiador de los naipes, Monreal Tejada sitúa en el año 1371 el origen del primero detectado. Origen enigmático, «ya que no lo conocemos bien. Parece que los naipes son de procedencia española, y probablemente catalana. En 1371, ya se sabía lo que eran. Jaume Marc escribe sobre el «aip» («naip» en catalán) en su «Diccionario de la Rima». Cuatro años después, en Austria, había referencias similares. Un manuscrito conservado en el Museo Británico, pieza de la que es autor un fraile que dice llamarse Juan y ser alemán, y que escribe en un monasterio de Suiza, señala que en el año 1377 ha aparecido en aquellas tierras un «ludus cartarum», es decir, un juego de cartas». Independientemente de la información que nos facilita Luis Monreal, existen más datos para confirmar la evidencia de que los naipes surgieron, y en Europa, en el último tercio del siglo XIV. A Francia, desde luego, llegaron antes de 1381. Porque es en aquel año cuando un acta fechada el 30 de agosto en la Notaría de monsieur Laurent Aycardi, de Marsella, estipula que Jean-Jacques, hijo de un negociante de la ciudad, muchacho que está a punto de tomar el barco hacia Alejandría, se compromete a abstenerse de practicar un cierto número de juegos de azar, entre los que destacan las cartas: el «nahipi», según aquella acta.

Monreal Tejada, que entiende mucho de todo —tiene a punto, en todo momento, medio millar de conferencias, hasta el extremo de que puede hablarle ampliamente a cualquier auditorio sobre prácticamente cualquier temática; y conserva en su archivo nada menos que veinte mil diapositivas sobre arte, aparte de docenas y docenas de películas y libros; y es uno de los más cotizados especialistas sobre el Camino de Santiago; y ofrece en Barcelona, desde hace catorce años, cursos trimestrales, sobre vida social y convivencia y lo que se tercie, a grupos escrupulosamente seleccionados...—, Monreal, decimos, continúa siguiéndole la pista, avanzados ya en los 90, a aquella baraja que de golpe llegó al desaparecido Alfaro, y que podría terminar alumbrando un lamparillazo mundial.

—Confío —nos comenta— en que, finalmente, los laboratorios del Museo del Papel de Capellades se encuentren en condiciones de ofrecernos una demostración concluyente, un análisis definitivamente certificado. El problema consiste, claro está, en que deben realizar su trabajo utilizando técnicas no destructivas, ni siquiera para una mínima parte de la materia de este juego de naipes. El carbono-14 es destructivo. Probablemente terminaremos poniéndonos en manos de los físicos. ¿Nos solucionarán la papeleta los espectroscopios...?

Para Luis Monreal, un último dato puede contribuir a lograr que las investigaciones terminen siendo concluyentes: «Los chinos inventaron el papel, y los árabes lo trajeron a España. Játiva produjo, a partir del siglo XI, el primer papel. En el XIII existían numerosísimos documentos sobre tales soportes; muchas cartulinas. Perfectamente pudo haber sido preparado, un siglo más tarde, este juego de naipes que continuamos estudiando...».

Nada más dejar a Monreal, tras uno de nuestros encuentros necesarios para la preparación de este libro, encontramos en Barcelona a otro enorme amigo: Tomás Maestre Morata. Es Tomás —actualmente, presidente ejecutivo de la veterana empresa S.A.E. de Relaciones Públicas— uno de los escasos pioneros y la máxima personalidad estatal en el campo de las Relaciones Externas. Conoce bien, ¡cómo no!, a Luis Monreal Tejada, y su opinión sobre él nos resulta significativa para rematar la personalidad del mismo: «Luis —afirma, con el orgullo completo del amigo, Maestre Morata— es uno de esos hombres que no deberían desaparecer».

A sus casi ochenta años, Monreal no ha abandonado su vieja fidelidad al sombrero y al tabaco. Llega a las citas con el autor, en su despacho a dos pasos del Paseo de Gracia, con toda la puntualidad del mundo, protegido del sol y con ganas de fumar un cigarro. Cuarenta años de fumador de pipa le han marcado. «Ahora, ya, sólo cuatro pitillos diarios...».

Tiene Monreal Tejada su despacho en el Pasaje Domingo, la más tranquila de las calles entre dos avenidas: la de Mallorca y la de Valencia. Pasaje Domingo, efectivamente, número 2. Cualquier lector de cualquier pieza del amplísimo muestrario de los catálogos de la firma Edmund Peel & Asociados reconocerá de inmediato tal dirección: es, precisamente, la de esta empresa que representa en España, con oficinas en Madrid y en Barcelona, los intereses de la mayor casa mundial de subastas.

¿Adivinan cuál...? En efecto, en Pasaje Domingo tiene su sede Sotheby's («founded 1744»), la mismísima subastadora en la que a las 11 en punto de la mañana del lunes 30 de noviembre del año 70 de nuestro siglo se inició la puja de cuyos secretos estamos cada vez a menos páginas: la subasta de todos los fondos de The De la Rue Company Ltd.

Al cabo de los años, aquel conseguidor, junto a Félix Alfaro, de los irrepetibles tesoros de De la Rue, aquel Luis Monreal Tejada, ha terminado, por estas vueltas de la curiosa vida, colaborando con el mismo Sotheby's. Es el asesor principal de dicha firma, vía Edmund Peel, en Barcelona.

LA MAYOR SUBASTA, EN SOTHEBY'S

THE
CELEBRATED DE LA RUE
COLLECTION
OF
PLAYING CARDS

The Property of
THE DE LA RUE COMPANY LTD.

WHICH WILL BE SOLD BY AUCTION BY

SOTHEBY & CO.

P. C. WILSON, C.B.E. A. J. B. KIDDELL T. H. CLARKE C. GRONAU P. M. H. POLLEN G. D. LLEWELLYN
R. P. T. CAME M. J. WEBB LORD JOHN KERR THE EARL OF WESTMORLAND, K.C.V.O. J. L. MARION (U.S.A.)
H. M. ROBINOW P. M. R. POUNCEY J. M. LINELL R. A. B. DAY H. J. RICKETTS M. J. STRAUSS
D. J. NASH T. E. NORTON (U.S.A.) A. T. ELLIS P. D. THOMSON D. ELLIS-JONES R. J. D. M. THOMPSON
D. E. JOHNS E. J. LANDRIGAN III (U.S.A.) A. J. STAIR (U.S.A.) M. D. RITCHIE A. M. KAGAN (U.S.A.)
A. HOLLOWAY D. J. CROWTHER SIR PHILIP HAY, K.C.V.O., T.D.

Associates:
A. R. A. HOBSON JOHN CARTER, C.B.E. N. MACLAREN H. A. FEISENBERGER J. F. HAYWARD
P. J. CROFT A. MAYOR C. C. H. FENTON

AFFILIATED COMPANY: PARKE-BERNET GALLERIES INC., NEW YORK

New York Representative: SOTHEBY'S OF LONDON LTD.
President: P. M. H. POLLEN

Auctioneers of Literary Property and Works illustrative of the Fine Arts

AT THEIR LARGE GALLERIES, 34 & 35, NEW BOND STREET, W.1
Telephone: 01-493 8080

DAY OF SALE:
MONDAY, 30TH NOVEMBER, 1970
AT ELEVEN O'CLOCK PRECISELY

Illustrated Catalogue (10 plates) Price 7s. 0d. (35p)

On View at least Two Days Previous (Not Saturdays)

A printed list of all Prices and buyers names at this sale can be supplied for three shillings (15p) and for all sales at a low subscription rate.

Portada del Catálogo de Sotheby's, en el que se anunciaba la colección Thomas de la Rue.

Dentro de solamente tres años, la multinacional de la cultura a la que Luis Monreal asesora cumplirá su primer cuarto de milenio. Sotheby's se ha venido ganando, a puro pulso, prestigio y fama. Hoy, en el mundo entero, la conocen hasta quienes en la vida se han acercado a ninguna de sus subastas, siempre exquisitas. Fundada en Londres cuando mediaba el XVIII y a la vez que Christies —la otra principal casa subastadora a escala intercontinental—, comenzó vendiendo manuscritos y libros más o menos curiosos, y no llegó a convertirse en un «gigante del mercado del arte» hasta dos siglos más tarde, cuando se cerró el ruido de la II Gran Guerra. Aprovechó de tal forma el tiempo perdido que, sencillamente, el último ejercicio

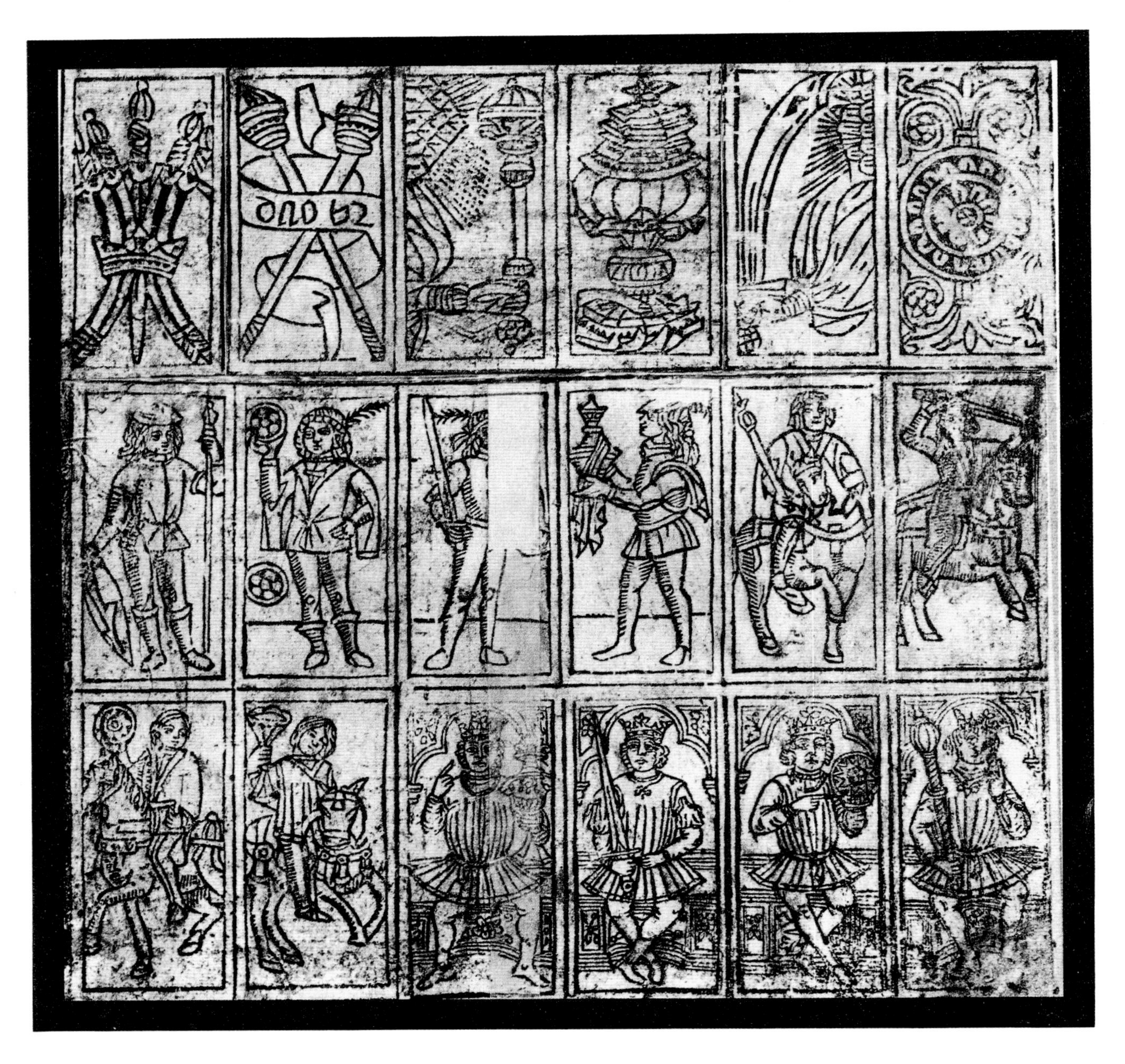

Pliego de cartas, impreso en Venecia el año 1462.

suyo del que nos han llegado referencias exactas (1988) ofrecía ya una cifra de negocio de vértigo: trescientos ochenta mil millones de pesetas.

La actual Sotheby's Holdings posee cuatro enormes brazos, que se ramifican a su vez por Norte y Sudamérica, por Europa, Asia y Australia, por la venta de mansiones de lujo y, para no dejar en el aire nada, por las dedicaciones estrictamente financieras. Hoy, tanto Sotheby's como su colega Christies no le ponen pega alguna a comerciar, junto a sus tradicionales lienzos, esculturas y libros, con cualquier objeto, inmobiliario o móvil, que pueda dejarles honores y beneficios: desde coches hasta casas, pasando por superalfombras, pertenencias de famosos, memorabilia...

Siempre, siempre, utilizando el elegante vehículo de la subasta, operación a la que recientemente definía Robert Hughes, en «Time», así: «Reunión de personas enjoyadas donde se aplauden las pujas vencedoras como si se tratara de arias bordadas por tenores heroicos». Y siempre, siempre, intentando batir sus propios records, que Sotheby's tiene fijados, por un lienzo, en la respetable cifra de seis mil millones. «Los lirios», de Van Gogh..., ¿recuerdan? Sotheby's entró en el «Guinness», en 1987, por ese cuadro, que fue adquirido por un norteamericano de evidentes posibles: míster Taubman.

Y no peores records de esa firma fueron, aunque ya a escala mucho más local y por lo tanto reducida, las transacciones de «Vuelo de brujas», de Goya, y de «Le violon», de Juan Gris; ambas operaciones, de la directa responsabilidad de Edmund Peel, este inglés representante de Sotheby's en España que ha vendido magníficamente, vía martillazo, lienzos de El Greco, de Sorolla, de Miró, de Antonio López... «Un personaje —nos lo definen— dotado de lo que los marchantes llaman «good eye» para descubrir las mejores piezas». Buen conocedor de los paisajes y de las gentes de la piel de toro desde aquel 1958 —él, con diez años de edad— en que acompañó a su padre a estas tierras y «de la mano de Luis Monreal —recuerda Rafael Espinós, buen seguidor de Peel— conoció a la familia de Sorolla, a Vázquez Díaz, a la viuda de Joaquín Mir...».

Baraja fabricada por Blanchard, de Rouen, en 1675.

Baraja realizada por Jean Pouns, en Triers o Bayona, hacia 1690.

Baraja de «Trappola», en dos pliegos, fabricados en el Alto Rhin, entre los años 1650 y 1700.

Baraja «Conspiración Papista», impresa por Robert Walton, en el año 1679.

Monreal, Peel, Sotheby's..., del hilo va saliendo el ovillo. Porque, como es bien sabido, fue esta casa londinense la que organizó, a petición de la compañía Thomas de la Rue, la gran subasta del año 70, la cita que, en opinión de Sáenz de San Pedro, fue «la mayor en toda la Historia del mundo de los naipes». Gracias a cuyos resultados «el nuestro pudo pasar, de ser un Museo destacado, a ser el Museo de Naipes más importante del mundo, que ha contribuido a dar a conocer a Vitoria en todos los continentes».

«Don Félix —nos cuenta— estuvo venga a darle vueltas a la cabeza, desde el instante en que recibió el catálogo de Sotheby's. Tenía una orientación sobre el coste total aproximado a que la colección De la Rue iba a resultar. A partir del precio de salida, D. Félix estaba preocupado por calcular hasta dónde podríamos llegar. Se decidió la cifra conveniente. Yo marché a Londres, para terminar de estudiarlo todo, para reunir los más exactos elementos de juicio. D. Félix fue después: a la propia subasta. Al final, ocurrió lo mejor

Baraja «Colonial», fabricada en Frankfurt por C.L. Wust en 1898.

Baraja «Nuevo Juego de Oficiales», impresa por Rudolph Hauser, en Ginebra, el año 1744.

para nosotros: invertimos, más o menos, lo que teníamos calculado; ni una libra más».

Dos nombres más entran ahora en la historia, en esta historia con minúscula que venimos relatando. Son los de otro Luis Monreal, Agustí de segundo apellido, y Marshall Spink. Porque el hijo de Monreal Tejada, con cuarenta y ocho años de edad cuando este libro sale de la prensa, y el anticuario que ayudó decisivamente a Félix Alfaro a conseguir «la mayor subasta en toda la Historia del mundo de los naipes» se conocían bien. Una relación personal, y casi diríamos que familiar, que sin duda favoreció el éxito de una operación que terminó beneficiando a Alava entera.

Baraja «Excelsior», fabricada por A. Dougherty, en Nueva York, el año 1870.

Tarot impreso en Bélgica el año 1760.

Aquel muchacho de entonces veintisiete años, Luis Monreal Agustí, era un muy aceptable arqueólogo, a la vez que un no peor historiador de arte. Dirigido por el profesor Martín Almagro, había ya tomado parte, a sus veinte años pelados, en la misión arqueológica que salvó los patrimonios egipcio y sudanés que habrían sido arrasados por la presa de Assuan. Conservador después del Museo Marés, de Barcelona, y profesor de Arte y Museología de la Universidad Autónoma, ocupó en el año 74 el puesto de secretario general del Consejo Internacional de Museos,

Juego «As Nas», persa, impreso en el siglo XIX.

Juego «Dasavatara Ganjifa», realizado en Sawantwadi, a comienzos del siglo XIX.

Juego «T'ienkiu», impreso en China, en el siglo XIX.

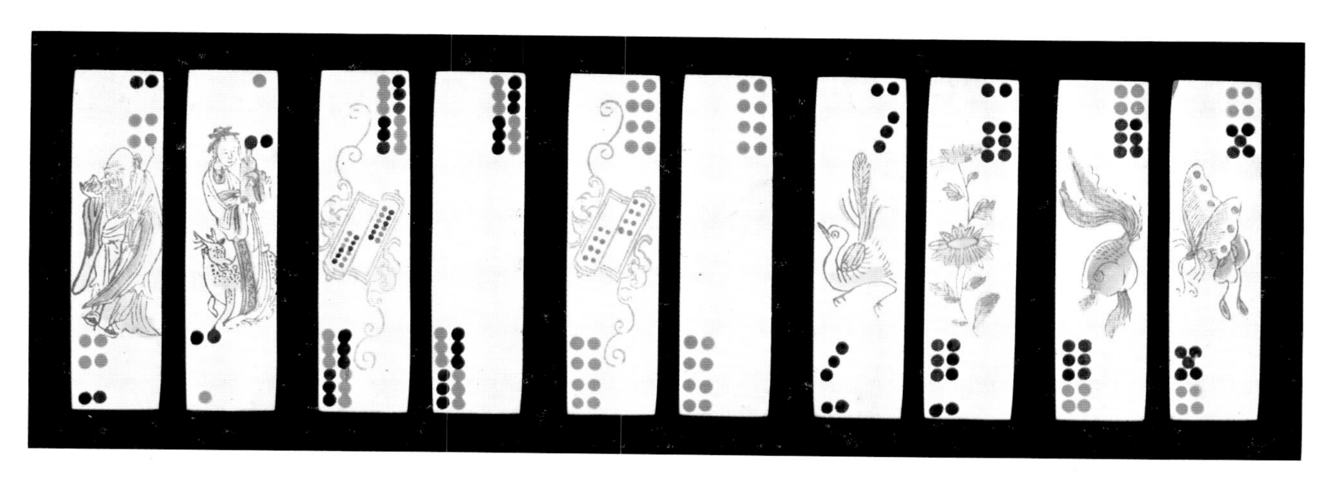

hasta que en 1985 la Fundación Paul Getty le hizo un encargo de aceptación irresistible: crear el Instituto Getty de Conservación, con sede central en Marina del Rey, en California, y trabajos a desarrollar en China, en Egipto, en Bolivia, en Túnez...

Bajo la dirección de Monreal Agustí, y con un presupuesto anual mínimo de diez millones de dólares, el Instituto Getty ha terminado consiguiendo el «mejor laboratorio del mundo para la investigación sobre el deterioro y el tratamiento de los monumentos». Ahora mismo, tiene encomendada una misión que afecta al patrimonio de la Humanidad entera: salvar la Esfinge de Gizeh. Pero Monreal no rematará desde su cargo esa tarea: según nos adelantaba en Barcelona su padre, ha dejado la Getty para aceptar una responsabilidad de subdirector de la UNESCO; exactamente, la de coordinador de los programas para la defensa del patrimonio histórico-artístico de todos nosotros, los habitantes de la Tierra.

La particular amistad de Monreal Agustí con Marshall Spink originó lo que estaba cantado: otra vinculación especial entre Monreal Tejada y este veteranísimo anticuario que vive ya retirado de sus negocios.

Aquel 30 de noviembre del 70, en sus «amplias galerías» —así pregonaba el catálogo oficial— de los números 34 y 35 de New Bond Street, entre Oxford St. y Piccaddilly, a medio paso de Grosvenor Square, la firma Sotheby's subastaba la hermosa, valiosísima y para «Fournier» enormemente necesaria colección de Thomas De La Rue.

Y, aquel mismo 30 de noviembre, llegado desde curiosamente Bond Street, la vieja, un anticuario apellidado Spink, miembro de una de las dos ramas —él y sus primos— pertenecientes a cotizada familia de negociantes, representó el papel que nunca habrían podido protagonizar con el mismo éxito ni Monreal ni Alfaro: el de, técnicamente hablando, «corredor de Arte».

—Nosotros —dice ahora Monreal Tejada— no teníamos conocimiento técnico alguno, en relación con aquel mundo de las subastas de Sotheby's en Londres, y por ello nos resultó básico, absolutamente preciso, contar con los apoyos de Marshall Spink. Fue él quien, a nuestro lado siempre, físicamente incluso durante la subasta, pujó por nosotros. Yo, personalmente, no tenía aún contacto alguno con la firma Sotheby's. Félix Alfaro y yo, de haber actuado en solitario, habríamos acudido a New Bond Street «como patos mareados». Spink nos salvó.

Juego «Hana-Karuta», fabricada por Nitendo, en Kioto, al año 1920.

CINCO AÑOS EN EL MUSEO BRITANICO

Hasta llegar a la gran sala londinense de Sotheby's, la colección Thomas de la Rue había conocido otros dos ilustres escenarios: primeramente, claro está, la propia instalación del fabricante; y, durante los cinco últimos años, a partir de 1965, la colosal y solemne estructura del British Museum, no muy alejada de Oxford Street y de New Bond.

Pero a Thomas de la Rue and Company, empresa nacida en 1832, y por lo tanto treinta y seis años antes que «Fournier», le empezó a estorbar su particular Museo. Su propio desarrollo originaba que no se dispusiera de sitio para una colección cada día en aumento. Aunque, sorprendentemente, al final la empresa terminó cesando en sus fabricaciones de naipes justamente en el año 1970, coincidiendo con la celebración de la subasta en Sotheby's, momento a partir del cual orientó sus tareas hacia otros tipos de producción, siempre sin abandonar el sector de las artes gráficas. Recientemente, una empresa vasca, A.G. Lerchundi, ha publicitado su división impresora de documentos de seguridad utilizando el siguiente slogan: «Con De la Rue se afianza el líder». Lerchundi es miembro del Grupo de Compañías De la Rue. No muere fácilmente un apellido tan sonoro y francés.

—La verdad es esta —nos explica Monreal Tejada en su despacho de Barcelona—: que, por muy difícil de entender que parezca, Thomas de la Rue no encontró sitio para su colección de naipes. Y la tuvo depositada durante cinco largos años en el Museo Británico. Hasta que debieron darse cuenta de que la situación no les rentaba en ningún sentido, y decidieron venderla. Entonces fue cuando la pusieron en las manos de Sotheby's.

Impresionante colección, que terminó llegando a Vitoria-Gasteiz en compañía de algunas de las piezas que Félix Alfaro Fournier clasificaba como «elementos xilográficos, calcográficos y litográficos», y que se iniciaba, naturalmente, con la primera baraja, de cincuenta y dos cartas, producida por De la Rue en Londres y en 1832. Relataba Alfaro:

—Aquel año, Thomas de la Rue, fundador de la Compañía, obtuvo el Gran Sello de Gran Bretaña por Guillermo IV, por su invención en la fabricación de naipes, sustituyendo el coloreado con trepas por un nuevo sistema de impresión tipográfico, consiguiendo una importante reducción en su coste. Con ello alcanzó el ser considerado el padre de los modernos juegos de naipes. Este juego es el primero impreso por este fabricante y por este nuevo procedimiento.

Venían detrás un montón de barajas standard, y otras de transformación, conmemorativas, de fantasía, miniaturas, para solitarios... La primera standard, fabricada hacia 1835, «con figuras más modernas —según el estudio de Félix Alfaro—, que no fueron aceptadas por el público, debiendo De la Rue volver a sus antiguos dibujos». Otra, con las armas de la Reina Victoria y el Príncipe Alberto, con impresión en oro puro en el reverso, y especialmente preparada para conmemorar el real matrimonio, en 1840. Una más, conmemorativa del enlace del Príncipe Alfredo, Duque de Edimburgo, con la Princesa Alejandra de Suria, de 1874. Y la de cincuenta y dos dibujos patentados por otro De la Rue, Warren, en aquel 77. Y la del 87, que conmemoró el Jubileo de la Reina Victoria. Y la imprimida en 1928, réplica en litografía de los primeros juegos xilográficos de Thomas de la Rue. Hasta llegar, tras incontables, a una de las más recientes barajas, producida diecisiete años antes de la impresión del naipe De la Rue final: la que en 1953 conmemoró la coronación de la Reina Isabel II. Y a las que la factoría británica fue lanzando para el exterior: en 1923, el juego chino de Mah-Jong, de ciento cuarenta y cuatro cartas; en el 33, la baraja persa para bridge, o el naipe para solitarios...

Un completo, enorme lote subastado en Sotheby's y ordenado así por países: Alemania, Austria, Italia, Inglaterra, Francia, Holanda, España (naipes producidos por Torras y Lleó, en Barcelona; por la Real Fábrica, en Madrid; por José Martínez de Castro, también en la capital; por De Macía, en Barcelona; por Acuaviva, en Cádiz; por Muñoz, en Málaga; por González, en Madrid; por Ramírez, en Barcelona; por Felipe Ocejo, en Madrid..., y, naturalmente, por «H. Fournier», en nuestra ciudad), Suiza, Bélgica, Rusia, América del Norte, México, China, Portugal, Suecia, Checoslovaquia, Persia, Sudáfrica, Hungría, Letonia, Japón, Irlanda, Canadá, Bulgaria, Cuba, Egipto, Australia, Polonia, Noruega, Dinamarca y Brasil. De esta forma habían quedado clasificadas las particulares colecciones que constituían, todas juntas y en unión, la magnífica colección De la Rue.

—Conseguir todo aquello —nos declara Luis Monreal Tejada, a más de veinte años vista— fue algo extraordinario. Porque nosotros, en «Fournier», teníamos coleccionado casi todo lo español, pero no contábamos prácticamente con ninguna buena pieza internacional. Duplicados, duplicados..., recibimos escasísimos ejemplares como consecuencia de la subasta en Sotheby's. De la Rue hizo que cambiara por completo, que se le diera la vuelta a la hasta entonces relativa importancia de nuestro Museo. Prácticamente, el número mismo de piezas conseguidas «de una tacada», aquel 30 de noviembre, fue de verdadera impresión, hasta el punto de que, de la noche a la mañana, llegó a duplicar los ejemplares del Museo «Fournier».

Y había que añadir las obras de la Biblioteca De la Rue, «reducida, pero muy buena» en opinión de Monreal Tejada: obras de Benham, de Carlos II, de Hargrave, de Henry Jones, de lady Charlotte Schreiber o de Singer, todas ellas referidas a las técnicas y a la Historia de los naipes. Junto a las mismas, dieciseis álbumes conteniendo alrededor —no fueron contados de una manera exacta ni siquiera para ofrecerlos en el folleto de los subastadores— de mil doscientos cincuenta dibujos a lápiz, tinta y acuarela, originales de cara a la realización de cartas, preparados entre los años 1860 y 1930, y otros ocho mil quinientos bocetos para reversos de naipes, de los años 1866 a 1958, reunidos en veinticinco álbumes más.

Pero el fabricantre británico que inventó la tan singular como positiva mezcla de barniz al agua, alcohol y goma laca para sus cartulinas, revolucionando con ello el mercado impresor de naipes de aquella su primera época, entregó, vía subasta, algo muchísimo más valioso al Museo «Fournier»: la pieza definida por Ramón Alfaro como «La Gioconda de los Naipes», pero que Luis Monreal prefiere llamar, secillamente, «El Incunable». Sí: el pliego xilográfico del Alto Rhin, que los expertos internacionales certifican que fue producido en 1460, y que es —el Alfaro Fournier superviviente dixit— «una de las más antiguas piezas que en el mundo existen».

—Es una auténtica joya —nos dice Ramón Alfaro—. Actualmente, puedo asegurar que, en naipes, nadie posee nada de tanta antigüedad certificada. No tiene precio.

En este pliego, hoy bajo la tutela del

Pliego de tres cartas, realizado en el Alto Rhin hacia 1460.

Servicio de Museos de la Diputación Foral de Alava, tres figuras medievales, «con cierto sabor bucólico», llevan un animal en las manos. Cada una, lo que es lo mismo, un palo: el Oso, el León, el Perro. Cada carta mide ciento treinta milímetros de altura por ochenta y siete.

Siendo aún propiedad de «H. Fournier», en los años 70, esta particular «Gioconda», este «Incunable» hizo su último viaje a otra ciudad. Lo recuerda así Alfaro:

—Nos lo pidieron con tanta insistencia que no tuvimos otro remedio que ceder el pliego xilográfico para la Exposición Gráfica que estaba preparando en Viena el Museo Albertina. Dicha muestra tenía un objetivo: divulgar las mejores referencias sobre los primeros tiempos de los naipes en Europa. Y nuestra pieza del Alto Rhin, lógicamente, tenía que estar allí... La enviamos por mediación de la Embajada en Austria, y, gracias a la colaboración del Ministerio de Asuntos Exteriores, viajó en valija diplomática. Con una enorme protección. Preparamos expresamente, para este pliego, una caja de zinc. Fueron tomadas las máximas precauciones, al constituir la pieza más antigua de todas las que existen en el mundo.

Esta joya del Museo «Fournier» de Naipes no ha vuelto a moverse, si descontamos el cortísimo viaje hasta su hogar casi definitivo en el de Bellas Artes de Vitoria-Gasteiz. Y no se conocen, desde luego —ni probablemente serán conocidos nunca, a estas alturas—, los detalles de la aventura que el pliego con los tres caballeros y los otros tantos animales debió vivir hasta su llegada a De la Rue.

Sí es conocido, en cambio, el trayecto que cubrió este Thomas de la Rue para frenar en Londres: «Llegó a Inglaterra desde Guernsey, y se estableció como principal fabricante de naipes en 1832, cuando le fue concedida la Patente Real de Cartas por algunos perfeccionamientos que introdujo en la fabricación y adorno de las barajas». Nos lo contaba así el catálogo que para Sotheby's y su subasta del 70 imprimió la compañía limitada de Robert Stockwell.

Catálogo que, en su introducción, abundaba en más informaciones:

—A lo largo de este siglo, antiguas barajas fueron adquiridas por la firma que fundó Thomas de la Rue, y las mismas, junto a un gran número de naipes, dibujos originales y pruebas de esta empresa, han desarrollado la presente colección, que fue acondicionada y aumentada en lo posible por el conservador. Naipes aparecidos en el siglo XIV llegaron a Europa desde el Este. Barajas del XVIII, ya bellamente standarizadas, se hicieron populares, aunque fueron usados diferentes signos para los palos de los naipes en Francia e Inglaterra, Alemania, Italia y España. El número de cartas que completaban las barajas variaba considerablemente de unos países a otros. El desarrollo de este período ha sido un lento proceso, resultando el más importante cambio la introducción de la «cabeza gemela» en las figuras, y el uso de color en la impresión o estampación.

«La colección —concluía la presentación del conjunto a subastar por Sotheby's— incluye muy importantes prototipos. Destacando, se encuentran las barajas pictóricas, en las cuales una gran parte de cada carta es ocupada por una ilustración con el propósito de mostrar la heráldica, el arte militar, las fortificaciones, la botánica o la geografía, para representar sucesos populares o para divertir o entretener con burlescos versos, caricaturas o transformaciones».

En su portada, el catálogo notificaba que la subasta de «The celebrated De la Rue collection of playing cards», propiedad de la razón social The De la Rue Company Ltd., se celebraría, en la sede principal de Sotheby's, 34 & 35 de New Bond St., en Londres W. 1, el lunes día 30 de noviembre de 1970 y a las 11 en punto de la mañana, existiendo la posibilidad de que los interesados examinasen las piezas durante las dos jornadas anteriores.

Alfaro y Monreal, acompañados siempre por su asesor el anticuario Spink, aceptaron la invitación para contemplarlas. Ya no tuvieron dudas: estaban perdidamente enganchados con ellas.

Por eso, al día siguiente...

12.000 LIBRAS, PRECIO DE MARTILLO

...Al día siguiente, sencilla y verdaderamente, se produjo la gran victoria, que nos recuerda ahora, con detalles inéditos, Monreal Tejada. Con detalles inéditos, en efecto, porque esta solemne afición a las ciencias del misterio que tienen bastantes humanos nos ha llevado, en el largo período de preparación del presente libro, de la Ceca a la Meca en busca de la verdad. Quien sabe, guarda. Quien desconoce, incluso, juega a pasar por importante. Y, de este modo, una clara investigación periodística puede acabar convirtiéndose en tarea imposible. Menos mal —y con ello termina el desahogo del autor— que, también de cuando en cuando, aparecen personas como Luis Monreal, como Ramón Alfaro, como Alberto Sáenz de San Pedro..., que, conociendo la finalidad del trabajo, nos lo descubren todo... Es necesario agradecerles a ellos, y el autor lo hace encantado, su inmejorable disposición y voluntad.

—El gran acierto de la compañía Thomas de la Rue —razona Monreal Tejada, mientras caen los soles del mediodía, fuertes, sobre el ventanal de su despacho de Barcelona— no fue otro que el de decidir desprenderse de su magnífica colección en un solo lote. Se trataba de una colección completa, que Sotheby's no subastaba por separado con el propósito de lograr que no se disgregara ninguna de sus piezas. Habría resultado trágico separar estas, aunque, indudablemente, De la Rue habría podido obtener muchísimo más dinero por ese procedimiento. La satisfacción de los directivos de la empresa británica estaba bien diáfana: aunque obtenían menos libras, aseguraban la supervivencia de la integridad de su colección.

El propio catálogo preparado por el subastador internacional para la ocasión lo dejaba bien claro: «La colección —leemos textualmente— ha sido formada y acondicionada por De la Rue Company para ilustrar la Historia del juego de naipes y su considerable importancia en la vida social de los pasados quinientos años. Es por esta razón por la que debería ser conservada junta, como una colección, y por ello es vendida como un lote».

Baraja standard diseñada por Gerda Ploug Sarp e impresa por Heimdal, hacia 1920.

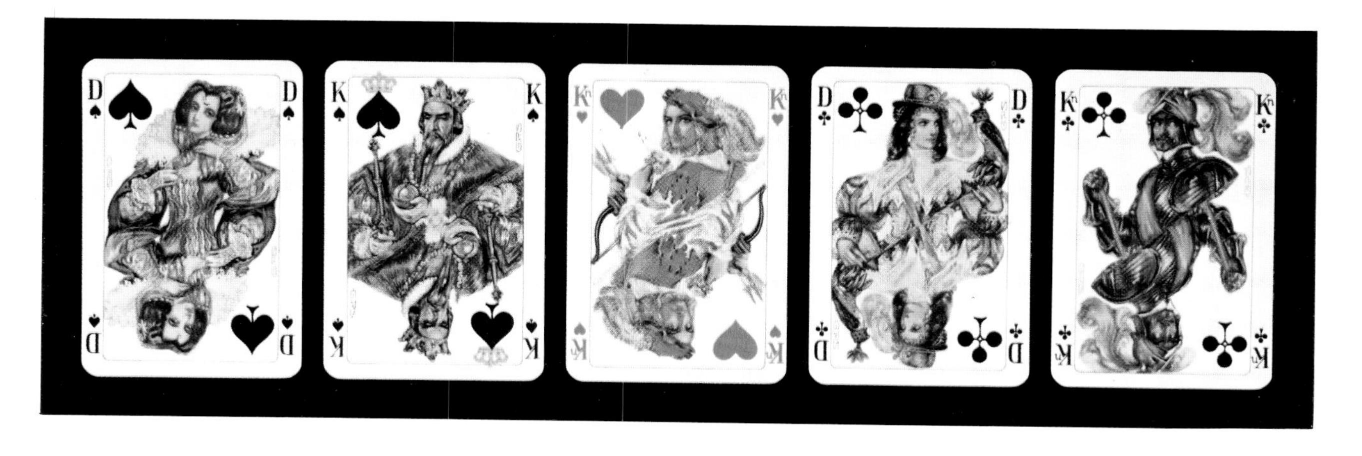

Baraja «Histórica Irlandesa», impresa por Irish Playing Card Mfg. Co. Cork, en 1915.

Baraja impresa por H. M. Guest Klerksdorp (Transvaal) en el año 1901.

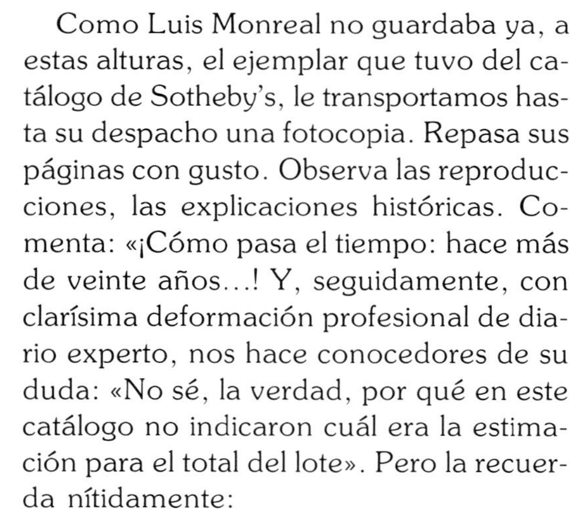

Como Luis Monreal no guardaba ya, a estas alturas, el ejemplar que tuvo del catálogo de Sotheby's, le transportamos hasta su despacho una fotocopia. Repasa sus páginas con gusto. Observa las reproducciones, las explicaciones históricas. Comenta: «¡Cómo pasa el tiempo: hace más de veinte años...! Y, seguidamente, con clarísima deformación profesional de diario experto, nos hace conocedores de su duda: «No sé, la verdad, por qué en este catálogo no indicaron cuál era la estimación para el total del lote». Pero la recuerda nítidamente:

—El precio de salida, «de reserva», fue de diez mil libras esterlinas. El equipo de «Fournier», con Félix Alfaro a la cabeza, le dio unas claras instrucciones a Marshall Spink: podía ir subiendo hasta alcanzar la cota de quince mil libras; ni una más.

El particular Túnel del Tiempo de Luis Monreal Tejada es puesto en acción, y su protagonista, un quinto de siglo más tarde, rememora la historia de aquel decisivo 30 de noviembre:

—Llegamos, con mucho tiempo por delante, aquella mañana de la subasta, a la sede de Sotheby's. Se vendían varios objetos y colecciones más. Paciencia. Todo era despachado con parsimonia, lote por lote... Estaba «de bote en bote» la gran

Baraja checa, impresa por A. Bernasek, en Praga, hacia el año 1900.

Baraja «Histórica», fabricada en Portugal hacia el año 1870.

sala. Tuvimos que quedarnos, a pesar de nuestra indiscutible puntualidad, de pie, arrimados a la pared, los tres comisionados. A mi izquierda, Félix; a mi derecha, Spink. Ni siquiera logramos abandonar momentáneamente los abrigos en algún perchero o silla. Debimos mantenerlos, durante toda la subasta, en los brazos. Llegó nuestra pieza ansiada..., y se produjo una situación inconcebible: observábamos cómo el subastador iba notificando las pujas («tanto más..., tanto más...»), y, fijándonos en Marshall Spink, nos quedábamos aterrados pensando que no estaba haciendo nada. Parecía que no movía un solo músculo. Y, de repente, el martillo que cae, el mazo sobre la madera: «¡Adjudicado!». Ambos, Félix y yo, le pedimos explicaciones al anticuario, al unísono: «Oye: ¿qué es lo que ha pasado?». Y Spink que responde: «Ya lo tenemos». ¡Y lo teníamos!. Marshall, nuestro hombre en Londres para esta inigualable operación, era y es todo un profesional. ¡Había actuado con la vista, moviendo casi imperceptiblemente un párpado! Pero era la clave de experto que entendían perfectamente desde la mesa de los subastadores. Todo un profesional...

En tal operación, perfectamente calculada por Marshall Spink, el precio final, el «precio de martillo» del superlote De la Rue ascendió a doce mil libras, a las que hubo que añadir, naturalmente, el 10 por 100 que la firma subastadora cobra siempre aparte. Doce mil: un extraño «misterio» conservado con todo celo, todavía hoy, por algunos. Cifra que nos ha costado aclarar, como si casi todos pensasen que el investigador periodístico le realiza, a medianoche, confidencias a algún sabueso del Fisco. Y eso que, según nos recuerdan ahora tanto Monreal como Sáenz de San Pedro, «todo se hizo de manera legal, contando con los permisos necesarios del Instituto de Moneda Extranjera. Entonces, a estos efectos, visiblemente eran otros tiempos, y todo resultaba mucho más complicado. Nosotros habíamos notificado la posible operación en Londres al Ministerio de Hacienda, a través de Exteriores, y les pedimos permiso para sacar del país las divisas necesarias. No hubo ningún obstáculo, porque, como exportábamos ya entonces muchísimo, nos conocían bien. Naturalmente, tuvimos que presentar las correspondientes certificaciones de la adjudicación de la subasta...». Tras cumplir esos trámites, se logró el objetivo: la colección Thomas de la Rue

Baraja de Viuda e Hijos de H. Fournier, impresa en Vitoria, el año 1929.

llegó a nuestra tierra. Muy protegida. Debidamente asegurada. Embalada bajo la responsabilidad del representante de «H. Fournier» en el Reino Unido. Ciertas piezas, tal y como se encontraban cuando cambiaron de manos: en cuadros bien montados, con sus rótulos —hoy, todavía— en riguroso inglés.

—Fue un verdadero acierto contar con Spink, y llevarle con nosotros para que actuara en la subasta. Nunca nos ha cabido duda en el sentido de que contribuyó a que nuestra empresa ahorrara un buen dinero. Porque es que, cuando un profesional de la talla de Marshall participa en una subasta, los restantes anticuarios, salvo que les vaya en ello su vida o la de alguno de sus mejores clientes, terminan absteniéndose de intervenir. Entre ellos, se respetan. En aquella misma gran subasta, según nos enteramos al final por Spink, solamente pujó, contra nosotros, una señora particular. Y es que, en medio de todo, resultaba enormemente difícil seguir lo que ocurría, entre los gestos de unos, las muecas de otros y la abundancia de asistentes.

Al cambio de la libra esterlina, en aquellos momentos, las doce mil quedaban convertidas en dos millones de pesetas. Un precio respetable, pero absolutamente asumible por «Fournier».

—Concluida venturosamente la subasta, regresamos al despacho de Spink. Y no dejaban de sonar los teléfonos: la BBC, los diversos periódicos... Todos necesitaban conocer más detalles. Sobre todo, la noticia golosa de quién había sido el enigmático comprador. No lo revelamos. Únicamente, que «Marshall Spink, para un cliente indeterminado».

«Inmediatamente —agrega Monreal Tejada—, se presentaron responsables del Museo Británico, lógicamente quejosos por lo que había sucedido: tras cinco años de disfrutar de aquellos portentosos naipes, los veían volatilizarse para siempre. Nos pidieron que, al menos, fuéramos tan amables de cederles el pliego xilográfico del Alto Rhin, del XV. Mostraron un enorme interés, pero lo cierto es que no entramos ni siquiera en una negociación superficial. Seguidamente, conectó con nosotros, vía Spink, un coleccionista suizo. Nos ofrecía, sólo por esa misma y única pieza, seis mil libras, ¡la mitad de lo que acabábamos de pagar por la colección De la Rue entera! Por si nos quedaba alguna duda, que no la teníamos, tal oferta vino a confirmarnos el perfecto negocio que habíamos hecho. Así que regresamos encantados...».

Y aquel —colorín, colorado...— fue el final de la historia. El final provisional, a la espera de todo cuanto ha continuado ocurriendo: la multiplicación por dos del Museo «Fournier» de Naipes; su traslado a dependencias de nuestra Diputación Foral; el goteo permanente, día tras día, de piezas que incrementan unos fondos que ya son únicos en el interminable mundo...

—Félix Alfaro y yo, aquella noche, nos despedimos de Spink y marchamos al teatro —concluye Monreal Tejada—. No sé si nos despistamos o qué ocurrió, pero el caso fue que terminamos viendo una obra de un verde subido, con todos los actores desnudos. «Oh Calcuta», sí... Ni siquiera se nos ocurrió, por cierto, brindar por nuestro triunfo con champán. ¿...Que si tuvimos algún contacto posterior con el ya ex-fabricante De la Rue...? Pues la verdad fue que ninguno. No llegamos a conocer su reacción sobre lo ocurrido en Sotheby's, y que de repente transformó por completo nuestro Museo de Naipes.

Y colorín. Y colorado.

JUNIO 1991: LA HISTORIA SE REPITE

... Aunque la historia, ciertamente, no terminó ni entonces ni allí.

Porque la historia de la buena suerte, del nacer de pie, se ha repetido. Y ha sido casi ahora mismo, no hace nada...; exactamente, en el mes de junio de este 1991.

El viernes 7 de dicho mes, a las 12,30 horas, en la sede central de Sotheby's, en Londres —la historia se repite: New Bond St., con la misma parafernalia del culto a las antigüedades puestas al alcance del mejor postor—, volvió a ser subastada otra extraordinaria colección de naipes. Desde aquel lunes 30 de noviembre del 70, cuando a partir de las 11 de la mañana Sotheby's subastó el impresionante conjunto de piezas de Thomas De La Rue Company, la firma no había vuelto a poner en catálogo baraja alguna. Y ahora también, en esta ocasión —y dejemos el suspense ya...—, lo mejor de lo disponible ha tenido comprador vitoriano: como no podía ser menos, otra vez, el Museo «Fournier» de Naipes.

Hubo cambios, como es natural, en el equipo de pretendientes: no estaban ni Félix Alfaro ni Luis Monreal ni el asesor Marshall Spink. En su lugar, aspiraban a conseguir las nuevas piezas el jefe del Servicio de Museos de la Diputación Foral de Alava, Félix López y López de Ullívarri, y el responsable directo del Museo «Fournier» de Naipes, Josetxu Eguía López de Sabando. Junto a ellos, en calidad de «amigo de la Casa», Alberto Sáenz de San Pedro.

También se produjo, en esta subasta de un quinto de siglo después de la primera, una novedad en principio muy chocante: el equipo de la Diputación alavesa no estuvo presente en la sala londinense de Sotheby's, sino que participó y fue adquiriendo los diferentes lotes desde las oficinas de esa empresa en Barcelona; justamente, en los mismos locales del Pasaje Domingo, pegando al Paseo de Gracia, en los que en su día conversábamos con Monreal Tejada.

—Fue todo un acierto— nos comentan al alimón, nada más regresar, los expedi-

Tarot de Marsella, impreso en Piamonte, en el siglo XVIII.

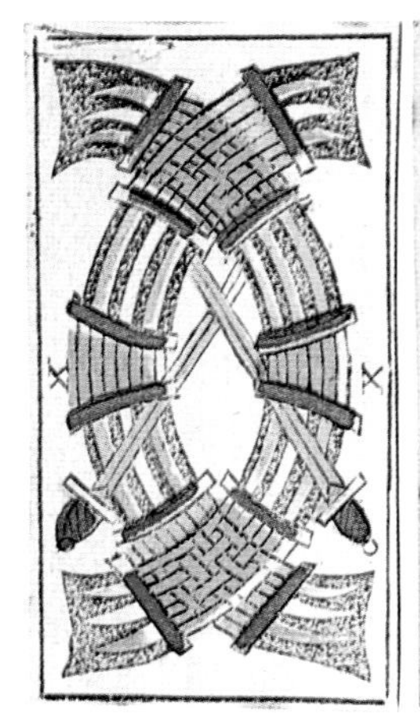

Baraja «Las cuatro partes del mundo», fabricada en París, hacia el año 1820.

Baraja standard, fabricada en Londres por Thomas de la Rue, hacia 1860.

cionarios—, porque, si nos hubiéramos decidido por viajar a Londres, casi con toda seguridad nos habríamos quedado sin los lotes, por la simple mecánica y procedimiento de la subasta. En cambio, en Sotheby's de Barcelona tuvimos acceso a una doble línea telefónica con la capital británica, y unas atenciones especiales en relación con las posibilidades constantes para continuar las pujas. En directo, en cambio, resulta un «visto y no visto»..., y, además, en nuestro caso, no habríamos podido contar con la complicidad de un experto en subastas de la talla de Spink. Muy probablemente, habríamos terminado regresando de vacío...

Se trató de una subasta rapidísima, en la que las pausas del procedimiento telefónico jugaron a favor de los representantes del Museo «Fournier» de Naipes: «Todo ocurrió, ciertamente, en poco más de diez minutos. Y quien nos ayudó de una manera decidida, muy de agradecer, fue Rocío Tassara, responsable de la oficina barcelonesa de Sotheby's».

¿Golpes de suerte ..., o más bien manejos del sexto sentido y de la intuición? Lo cierto es que, en este peculiar y complicado mundo del coleccionismo naipero al que nos referimos, Vitoria-Gasteiz y su Museo han aprovechado todas las posibilidades de las dos únicas ocasiones en que las grandes subastas específicas se han producido. Ahora, hasta con cierto ingrediente de misterio: «La verdad —nos relatan Félix López y Josetxu Eguía— es que no hemos podido saber quién fue la persona que nos puso en la pista de la cele-

Baraja «Histórica» impresa en Suiza, por J. Müller, hacia el año 1925.

bración de la subasta. Apareció en la mesa de mi despacho una fotocopia sobre la misma, a nombre de Josetxu, y yo se la hice llegar a él. No había ni sobre ni trazo del destinatario. Y, gracias a aquella fotocopia, que nos llegó a principios de mayo, pudimos movilizarnos, realizando previsiones de tipo económico..., y terminar llevándonos, trayéndonos, las piezas...».

¿Qué piezas? Pues las cuarenta y tres que figuraban en un total de ocho lotes. La mejor, indiscutiblemente, un gran Tarot de Marsella, de setenta y ocho cartas, con un par de siglos de antigüedad. La Enciclopedia Kaplan lo tenía catalogado como pieza única, y salía a subasta con una previsión crematística de entre las quinientas y las setecientas cincuenta libras esterlinas. Subió hasta las dos mil cuatrocientas, y empezó a hacer la maleta para venir a Vitoria-Gasteiz.

Después, un precioso pliego con doce cartas coloreadas a mano y procedentes

Baraja «Los Cantones Suizos», fabricada en Frankfurt, hacia 1870.

Baraja standard, impresa en Paris por P. Marc, hacia el año 1775.

de finales del XVII. Fue más formal en relación con las previsiones, y se cotizó finalmente a setecientas cincuenta libras.

Otros dos lotes largamente perseguidos: el «Naipe del Universo, o Juego de las Cuatro Partes del Mundo» —Oceanía, ni existir...—, elaborado por Delaunay en 1820, probablemente en París, y el constituido por cinco piezas de colecciones standard impresas durante los dos últimos siglos en Bruselas por Kessman y en París por Marc, Gatteaux y Grimaud. La baraja universal duplicó su precio inicial, colocándose en mil doscientas libras, y el segundo lote hizo lo propio, alcanzando quinientas más.

Finalmente, esta subasta del 7 de junio de 1991 ha proporcionado al Museo «Fournier» de Naipes dieciocho piezas alemanas, ocho británicas —una de ellas, preparada en 1860 por De La Rue—, cuatro de diferentes nacionalidades más —una, por ejemplo, de García, de Madrid, de mediados del XIX—, y un lote de cinco naipes vieneses, entre los que figuran dos Barajas de la Paciencia elaboradas por Joseph Glanz en 1859.

Curiosamente, el importe a pagar a Sotheby's, veinte años después, se asemeja bastante a los dineros que debió entregar Fournier en aquella primera subasta: si el precio de martillo de entonces fue de doce mil libras, ahora el total ha ascendido a diez mil novecientas cincuenta, exactamente. No había, en realidad, más presupuesto, y los pujadores desde Barcelona se vieron obligados a manejar con dureza la calculadora, renunciando a lotes de menor importancia para el Museo, compuestos algunos por barajas muy interesantes pero ya catalogadas en el palacio del Paseo de Fray Francisco. A cambio, han logrado traer piezas excepcionales —como, sin ir más lejos, el «Naipe del Universo», al que ellos mismos califican de «una maravilla de baraja»—, alguna de fabricantes que no figuraban hasta ahora en el Museo «Fournier» de Naipes —como el francés Delaunay—, y, sobre todo, han conseguido confirmar al Museo gasteiztarra como el indiscutible número 1 en el mundo en su especialidad: un Museo verdaderamente en punta, y cuya cotización de piezas parece ya incalculable.

—Cada vez quedan, lógicamente, menos barajas antiguas a disposición en el mundo. Y las colecciones —nos argumentan, ya en la despedida, los responsables del Museo «Fournier» de Naipes de la Diputación Foral de Alava— han explotado desde el punto de vista económico. La De La Rue se ha multiplicado enormemente, en su cotización, desde que la tenemos nosotros...

Se ha conquistado la cumbre, está bien claro, tres cuartos de siglo después de empezar a pensarlo.

Bi urtegatik bakarrik, Felix Alfaro Fournier Jaunak ezin izango du berak sortu zuen eta, Vitoria-Gasteizko beste Museo batzuen artean, Arabako Foru Aldundiaren, gaur egungo «Fournier» Karta Museoa zaindu eta sustatu zuen Museoaren 75. Urteurrena gurekin batera ospatu.

Larogeita hamairu urterekin 1989ko urtarrilaren 23an hil zen. Bere aztarna utzi zuen hiritik, txoritxo bat bezala, luma bat bezala, inor nekarazi gabe, joan zen.

Lan honen ondoriotarako gehien interesatzen zaigun aztarna: Heraclio Fournier Jauna bere aitona hil ondoren, ez dakigu begi-ziztaz, zaletasunez edo zoriz, hasi zuen Karta Museoa, haren idazmahaiko kajoietan, mende bat aurreko espainiar bi karta aurkitu zituen. 1916. urtea zen, bere lehen hogei urte bete berriak zituen.

Gutxi gora bera Heraclio bere aitonak, Burgostik etorri eta Vitoria-Gasteizen bizitzen hasi zenean zituen hainbat urte. Bere familia, frantsesa, 1785. urtean, Francois Fournier Iraultza garaian bere herritik joan zenetik gaztelar hirian bizi izan zen. Parisko oso ezagunak ziren maixu irarle batzuen jatorrikoa zen.

Heraclio Fournier, baliteke bere familia ugaria mantentzeko hainako diru-sarrerarik negozioak ematen ez ziolako Burgostik irten zena, bere lanbidea oso ondo ikasi zuen mutil oso bizkorra zela, diote kondairek. Marratzailea zen eta bere anai, Braulio, Gervasio eta Julian irarleak: «Fournier Anaiak».

Plaza Berrian lantegi apal batean lehen tokia izan ondoren, Fueros kalean, sarrerako eskailera bakar bt dun, lau solai-

By just a couple of years, don Félix Alfaro Fournier missed sharing with us the celebrations held to commemorate the 75th anniversary of the museum which he had founded and which, together with other museums in Vitoria-Gasteiz, he took care of and fostered: the present «Fournier» Playing Card Museum of the Provincial Council of Alava.

He died on January 23rd 1989 at an age of ninety-three, leaving the city on which he had left his mark, silently and without any fuss.

The subject which we shall concentrate our attention upon, the Playing Card Museum, which he created perhaps by intuition, perhaps by vocation, or by chance when, on the occasion of his grandfather, don Heraclio Fournier's death, he discovered, in the drawers of his grandfather's writing desk, Spanish playing cards which had been manufactured one century before. This was the year 1916, when he was scarcely twenty years old.

Practically the same age which his grandfather, Heraclio, had been when he left Burgos and set up in Vitoria. His family, which was of French origin, had settled in that city after François Fournier left his homeland during the Revolution of 1785. He was a descendent of the famous master printers of Paris.

Heraclio Fournier, who left Burgos possibly because the business did not bring in sufficient income to maintain a large family, was, according to the data we have, an intelligent boy who learnt his trade very well. He was an engraver and his brothers, Braulio, Gervasio and Julián ruko eraikin batean lantegia kokatzen da. Ezinezkoa dirudi, aitortzen du Ramón Alfaro Fournier Jaunak, horrelako baldintzetan, gertatu ziteken sute baten arriskuarekin eta bere etxaleku guztietan kargak banaketa zuzen batean jartzeko beharkizunarekin, «Fournier» garatu ahal izatea.

Giro honetan, Heraclio Fournier González Jauna, XIX mendearen azken hirugarren arte, «artesautza polit bat» ziren karten gintzaren lanbidearen benetako berritzaile izatean bihurtu zen.

Oinarrizko prensa litografiko batekin eredu berriak egiten ditu: Emilio Soubrier, gasteiztar Marrazki Eskola zaharreko irakasleak, gaur egun oraindik, hiri hontatik irtendako karta klasikoa eratzen duten karten diseinua egiteko Heraclio Jaunak, 1875ean, egin zion enkarguari erantzun zion. Karta horrek, 1879.ean Paris-en egin zen, Erakusketa Unibertsalean lehen saria lortu zuen. Eredu hori hamar urte geroago, Augusto Rius-ek eraberritu zuen, zeinek —Paz Hernandez-ek dionez— «behin betiko forma bat eman zion espainiar kartari diseinu banakatzaile eta unibertsalista batekin,...». Gasteiztar artista ospetsu bat, Ignacio Díaz de Olano, lehenengo diseinuetan Soubrier-en laguntzaile izan zen; Marrazki Eskolan bere ikasleetako bat zen.

Lurrunez mugitutako makinekin «Minerva»ren erabilera batera eramanaz Fournier-ek harri litografikoak alde batera uzten joan zezakeen zulomarrazkia, zulo-kolorea eta offset-a ezartzeko. «Moldiztegia agertu zenean —Paz Hernandez berak idatzi du—, karten gintza industrializatu egiten da, Enziklopedia frantsesean bildutako teknikak, aldaketa handirik gabe, joan zen mendera arte luzatzen dira. Aurrera pausu handia Heraclio Fournier-i sor zaio, zeinek karten gintza prozesua XIX mendeko teknologikoei egokitu zien. Kartulina bereziko

were printers: the «Fournier Brothers».

After its modest origins in the Plaza Nueva, the factory moved to the Calle de los Fueros in a four-floored, wooden building with a single-access staircase. «It seems impossible», confesses don Ramón Alfaro Fournier, «that «Fournier» could have developed under such conditions with the risk of fire and with the need to distribute weight evenly throughout the building».

In this atmosphere, don Heraclio Fournier González became a true innovator in the manufacture of playing cards which, until the last days of the 19th century was, «a noble art».

With a primitive lithographic press he produced new designs: Emilio Soubrier, a teacher in the old School of Drawing in Vitoria, was commissioned in 1875 by don Heraclio to design cards which until today, represent the traditional deck which was created in this city and which obtained first prize in the Universal Exhibition held in Paris in 1879 and a model which, ten years later, was modified by Augusto Rius who, according to Paz Hernández, «Provided Spanish playing cards with a specific form, an individual, universal design». An outstanding artist from Vitoria, Ignacio Díaz Olano, one of Sourbier's students at the Drawing School, collaborated with his former teacher in the creation of the first designs.

By combining the use of the «Minerva» with steam-driven machines, Fournier was able to stop using lithographic stone to use gravure printing, colour gravure and offset. «With the appearance of printing», Paz Hernández has written, «the manufacture of playing cards became industrialized. The techniques, described in the French encyclopedia, were used without important variations, until the last century. The great step forward was due to the work of Heraclio Fournier, who adapted the pla-

Harri litografikoak.

Lithographic stones.

mota bat, ertz ebakiekin, uretan, alkoholetan eta goma-lakan barniz batekin estaliekin, bi koloretan litografiatua, izan zen arrakastaren giltza».

«Gizon jenial eta nortasun handiko Heraclio aiton» hura —Ramón Alfaro Fournier Jaunak, 1986an argitaratutako artikulu batean zernolakotu zuen bezala—; Paris-ko St. Jacques kaleko 31n, XVIII mendean karta jokuak egiten zituen Fournier-en ondorengo hura; 1775.etik hasita Orleans-go kartagile, Nicolas Fournier-en oinordeko hura; gaur egun konposaketa tipoak puntuka, pikaka eta unitateka neurtzearen aintzindari bihurtuz, unitate standard bezala «puntu» tipografikoa sortuz, sistema angloamerikarren eta europearren urtzagintzen tipoen batasuna arrakastaz proposatzean tipografiaren Historian, XVIII mendearen hasieran, sartu zen, Pierre Fournier-en, baita ere, familiartekoa izan daiteken hura; Fournier hura 1916an hil zen.

ying card manufacturing process to the technological innovations of the 19th century. A type of special card with trimmed edges, covered with a water-varnish alcohol and lacquer lithographed in two colours were the key to the success».

«Grandfather Heraclio, a genial man with great personality», as don Ramón Alfaro Fournier defined him in an article published in 1986; «That descendent of Fournier who, at number 31 of St. Jacques Street, Paris, manufactured sets of playing cards in the 18th century; that successor to Nicolás Fournier, printer of playing cards of Orleans after 1775; that probable relative, also, of Pierre Fournier who, at the beginning of the 18th century became famous and wrote his name in the history of typography when he proposed, with success, the unification of the Anglo-American and European systems of type faces, by creating the typographic type as a standard unit and represented the pre-

Ez zuen seme gizonezkorik eduki eta bere alabetako inork ez zuen Enpresaren zuzendaritzan ordezkotu. Dena bere biloba, Felix Jaunaren eskuetan gelditu zen, zeinen gain, Frantziako, Vichy herrian bere aitonaren heriotza gertatu bezain laster ardura handi hura erori zen.

Edozein modutan ere, Felix Jauna aukerako oinordeko bat izan zen. Bere familiartekoek, bere zuzeneko laguntzaileek eta bere lagun pertsonalek, guztiek, Felix Alfaro Jauna, gizon original, burutsu eta harrigarri, eskuzabal eta artista bezala gogoratzen dute. Thierry Depaulis-ek honela zernolakotu zuen: «... arteen gizona eta industriaren kapitaina, seiluen, armaduren, karteen eta beste gauza askoen bildumazale, jakintsua eta, batez ere, kartoitxu koloredunen zoro maitemindua».

Bere bilduma zeinekin hasi zuen kartak ber-berak aurkitu zituen, Heraclio Fournier, bere aitonaren despatxuko kajoi batean, enpresaren buruzagitzan bera ordezkatzen hasi zenean, 1916. urtean. «Kartak» bere katalogoan Espainia 120 eta 161 bezala agertzen direnak dira. Biak mitologiarekin gai bezala.

Karta-joku estandarra, 1760. urtean Rouenen Blancard-ek eginikoa.

cursor that today is used to measure type faces by points and units; that member of the Fournier family died in 1916.

He did not have a son and none of his daughters replaced him in the management of the company. The entire control of the company fell into the hands of his grandson, don Félix, who was given the burden of that great responsibility when his grandfather died in Vichy, France.

Nevertheless, don Félix was the ideal successor. All his relatives, his direct collaborators and personal friends remember don Félix Alfaro as an original, intelligent, curious, generous and artistic man. Thierry Depaulis defined him in this way: «A man of arts and captain of industry, a collector of stamps, weapons, playing cards and many other things, erudite and especially with a mad passion for little coloured cards».

He found the cards which began his collection in the drawer of his grandfather, don Heraclio Fournier and he took control of the company in 1916. These are the cards which appear in his catalogue, «Playing Cards», numbered Spain 120 and 161. Mythology was the subject of both decks.

Every trip he made was an occasion for new discoveries, in which commercial interests mingled with the pleasures of erudition. Advertisements placed here and there allowed him to complete the collection which he had already commenced. In 1970, the collection was crowned with the purchase, in a public auction in London, of almost the entire collection of the English company «Thomas de la Rue».

We will come to that—De la Rue, 34 and 35 New Bond Street, on Monday, November 30th 1970—and it is appropriate, because it represented the final boost given to the Playing Card Museum of Vi-

Egiten zuen bidaia bakoitza aurkikuntza berriak egiteko aukera bat zen. Bidaia hoietan bere merkatal interesa asko-jakitearen atseginekin elkartzen zuen. Han hemenka kokatutako iragarpenak dagoeneko bildutako fondoak osatzera etorriko ziren. Eta 1970.ean etorriko zen burutzapena «Thomas de la Rue» enpresa inglesaren bilduma ia ia osoa, eta Londres-en, enkante publikoan erostean.

Azken honetara —New Bond Street-ko 34 eta 35 Rue, 1970ko azaroaren 30a, astelena—, bere garaia denean helduko gara, karta Museo gasteiztarraren behinbetiko sorbaldakoa eta bere nazioarteko tinkoketa bera izan bait zen.

Orain 1916an sartuko gara. Badirudi une hori noiz gertatu zen data zehatza argitaratu gabe zegoela. Baina Felix Jauna bezalako pertsona hain arduratsu eta ohartzaile baten paper zaharrek ematen digute. Banekigun behin eta berriz urtea, 1916, baina gaur erabat zehaztu dezakegu: 1916ko urriaren 26a.

Bi urte aurretik, hemezortzi urte bete berriak zituela, bere aitona Heracliorekin Munich-eko Azokara joan zen, bi helburuekin: irarketa prozedura berriak ikasi eta Bielefeld-eko Museo bikaina, sakonean, ezagutu.

Alemaniara bidaia hori egin eta bi urtera, bi karta haiek aurkitu zituenean, Bielefeld-ean ikusitakoaz gogoratu izango zen eta une hartan bertan karta bilduma hastea erabakitzen du.

Aitonak karta haiek ez zituen museorako intentzioekin gordetzen «—Ramón Alfaro Fournier-ek dio— lehiari buruz kalitatearen ikasketak egiteko baizik». Berak eskuz idatzitako eta 1888.ean datatutako eskutitz bat ezagutzen da, zeinetan berarekin lan egiten zuen fabrikante bati kartoria and its importance on the international scene.

Now we will concentrate on 1916. It seems that the exact date on which don

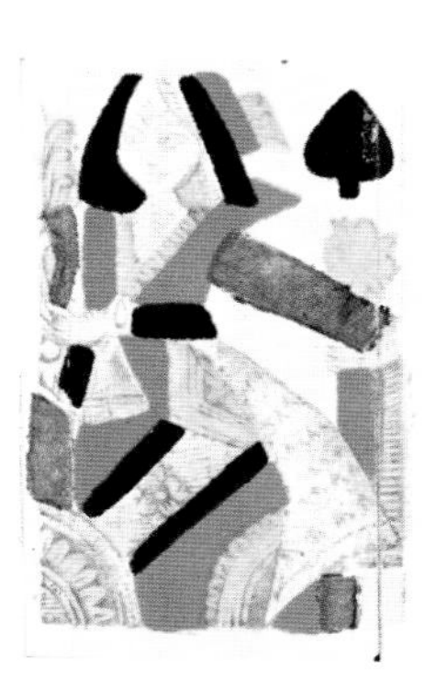

Standard deck, manufactured by Blanchard in Rouen in 1760.

Félix found the cards his grandfather had kept in his desk drawer had not been recorded but the old papers of such a meticulous person as don Félix, who noted everything down, provides us with this fact. We knew the year, 1916, but until now we lacked the complete date: October 26th 1916.

Two years before, when he had just turned 18 years old, don Félix had accompanied his grandfather, Heraclio, to the Munich Fair, with the dual purpose of studying new printing procedures and to get a deeper knowledge of the well-known Museum of Bielefeld.

When, two years after that journey to Germany, he found those two decks, he must have remembered what he had seen in Bielefeld and it was at that time when he decided to begin his collection of playing cards.

«Grandfather did not keep those playing cards with the intention of starting a mu-

tulina on bat egiteko beharrezko ezaugarrien sorta bat eskaintzen zion.

1989.ean, «Heraclio Fournier, S.A.»k, espainiar tipoko, bi karta mitologiko haietako bat eta berrogeita zortzi karta argitaratzeko fintasuna izan zuen.

«Antzinako kartak erosteko asmoa hartu nuenean —Museoari bere enpresak eskaini zion bigarren katalogoa aurkeztean, 1972.ean, Felix Jaunak idatzi zuen—, inoiz ez nuen itxaroten iraupenarekin eta denborarekin hain ugari eta interesa duten aleak biltzea helduko nintzenik. 1916an nire aitona Heraclio Fournier hil zenean izan zen berak sortutako enpresa honen zuzendaritzaren, nere gogoz, kargu egin nintzanean, bere despatxuko kajoietako bat irekitzean, XIX mendeko hasierako espainiar bi multzoen edertasuna miretsi ahal izan nuen».

Horrekin, posibilitate guztiak eta, baita, maina guztiak onartzen dituen mundu batean sartu zen: bildumazaletasunarena. Berehala mundu guztiko bildumazaleekin harremanak hartu zituen. Guzti haientzat, teknikoki esanda, «bildumazale santu» bat zen, hau da, beraiek egin dutelako kartari bere bizitza osoa zuzendu dioten haietako bat.

seum», states don Ramón Alfaro Fournier, «but to study the quality of the competition. There is a hand-written letter he wrote in 1888 in which he offered a series of characteristics necessary for the manufacture of good quality card to a manufacturer which worked with him».

In 1989 «Heraclio Fournier S.A.» had the idea of reproducing one of those two mythological decks of the Spanish type consisting of 48 cards.

«When I came up with the idea of buying old playing cards», wrote don Félix in 1972 in the introduction to the second catalogue which his company dedicated to the museum, «I would never have imagined that with consistent work over the years such a variety of interesting decks could be brought together in the same collection. It was on the death of my grandfather, Heraclio Fournier in 1916, when, according to his wishes, I took over the management of a company which he himself had created and was able to admire the beauty of the two Spanish decks which I found in the drawers of his desk and which date from the beginning of the 19th century».

In this way he entered the fascinating world of collecting. He made immediate contact with collectors throughout the world. For them he was, in a technical sense, the king of card collectors, a person who dedicated his entire life to playing cards.

TTANTAKA TTANTAKA, KARTAKA KARTAKA

Gure gerra amaiturik, 1939. urtean, —bere anai Ramón Alfaro Fournier-ek dio—, Espainiako egunkari guztietan iragarpen batzu argitaratzeko —beste bat gehiago— idea jeniala izan zuen, eskainiko zitzaion kartarik hoberenak erosteko bere gogoak aldarrikatuz. Bista bikaina izan zuen argi bait dago une aproposa zela. Eta ale ederrak eskuratu zituen. Horixe izan zen «Fournier» Karta Museoaren benetako hasiera puntua. Ordutik aurrera, Felix-ek Europa osoan erosketak egin zituen. Paris-ko aintzinatekarietan erosten zuen ugari».

Kartaka kartaka inork ezagutzen ez duen aurrehistoriaren eremua bereganatu zuen. Karta borobilak, arraultzantzekoak, kolore gabeak, zidarrean, eskuz iruditualk lortzen joan zen. Jolas eta industri mundu bateko piezak zeinen lehen aitatasuna oraindik misterio handi bat izaten jarraitzen du.

Felix Jaunaren izar on etengabeak, 1959. urtean, paristar aintzinatekari baten dendara eraman zuen. Eta han, beste gauza batzuen bila zebilela, gure hirian larogeita hamaika urte aurretik Fournier-ek inprimatu zuen lehen karta inprimatuak aurkitu zituen. «Karta haiek presaka batean erosi zituen —gogoratzen zuen bere seme Juan Manuel Alfarok— egia bait zen ordurarte ez bait genuen ezagutzen, benetan, gure enpresa kartak egiten noiz hasi zen».

«Antzinatekariek, dio Alberto Saenz de San Pedrok, begirune zioten eta piezarik hoberenak gordetzen zizkioten. Askok, benetan, bere bildumazale fama bere aurretik joaten zelako ezagutzen zuten. Kartetan, seiluetan eta txanponetan antzinatekari espezializatuek mundu guztitik Felix Jaunari deitzen zioten; batez ere Bri-

STEP BY STEP, CARD BY CARD

«When the Spanish Civil War concluded in 1939», his brother don Ramón Alfaro Fournier comments, «he had another great idea and this was to publish advertisements in all the newspapers of Spain, declaring his desire to buy the best playing cards that people could offer him. He understood his subject really well because it was clear that the moment was just right and he was able to obtain some good examples. This was the real starting point for the Fournier Playing Card Museum. From then on, Félix continued to purchase playing cards throughout Europe. He bought a large number in the antique stores in Paris».

Card by card, he gained complete mastery of this field. He obtained round, oval, colourless, silver, hand-illustrated cards, cards relating to games and industry, the makers of which still remain a great mystery.

The ever-present good fortune of don Félix led him, in 1959, to the shop of a Parisian antique dealer. There he found, when he was looking for other objects, the first pack of cards which Fournier had printed in our city ninety-one years before. «He bought that deck in a great hurry», his son Juan Manuel Alfaro remembered, «because we had not know until then when our company really began to make cards».

«Antique dealers», says Alberto Sáenz de San Pedro, «respected don Félix and reserved their best decks for him. Many, in reality, knew him because of his great renown as a collector. Antique dealers specializing in playing cards, stamps and coins, called him «don Félix» throughout the world, especially in Great Britain, Ger-

tainia Handitik, Alemaniatik eta Estatu Batuetatik... Horrela gure fabrikara eta bere Museora benetan interes handiko eta antzinako aleak heltzen ziren...».

Karta familiarrak, bere ahaideenak gordetzen zituzten pertsonek Felix Jaunari idazten zioten eta berari eskaintzen zioten, bere interesa eta bere Museoaren berri jakitean. Felix Jaunak erosten zituen. Askotan argazkiaren edo fotokopiaren bidez bakarrik ikusi ondoren. Eta, aldi berean, bere lagun askok, munduan zehar bidaiariek, oroitgarri bezala kartak ekartzeko ohitura hartu zuten, nahiz eta logikoki, kasu hauetan, piezak oso modernuak ziren».

«Eta horretaz gainera —dio— enkanteak zeuden. Firma garrantzitsuek bilduma kartak salmentan jartzen zituzten. Irterako prezioak ematen zizkiguten eta guk erantzuten genien. Posta bidez puja egin behar zen. Ah, nolako poza « Zuretzat izan dira» jakinarazten ziguteneanǃ. Dirua bidaltzen genien eta, berehala, kartak jasotzen genituen».

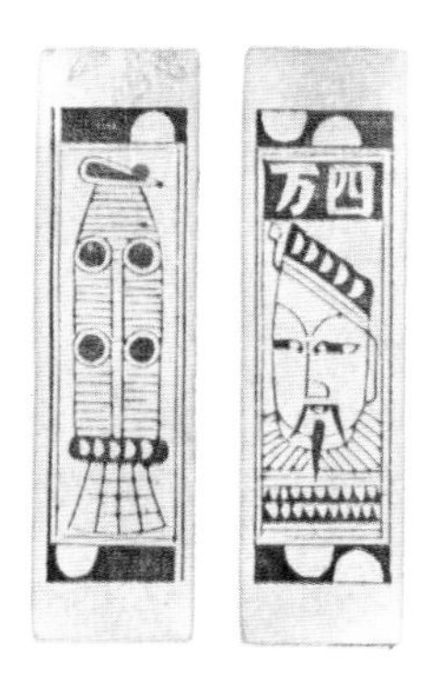

«Tseen-Wan» jokua, txinarra, XIX mendekoa.

Europan zehar egindako bidaiak gogoratzen digu eta honakoa zehazten du: «Milan-en, edozein une librea Felix Jaunak karta zaharragatik galdetzen pasatzen

many and the United States. In this way, really interesting old packs of playing cards began to arrive at our factory and museum».

«People who kept family decks of playing cards which had belonged to their parents, wrote to don Félix and offered them to him and they learnt of his interest and the museum. Don Félix bought them, on many occasions without having seen the decks except in a photograph or in a photocopy. At the same time, many of his friends, when travelling throughout the world, often brought him back cards as souvenirs, although logically in these cases, they were very modern examples of playing cards».

«And then», he continues, «there were the auctions. Important firms put their collections of cards on sale. They gave us their starting price and we responded with our offer. It was necessary to make bids by letter. How happy we were when they notified us that the cards were for us. We sent them the money and received the cards immediately».

He remembers trips throughout Europe and especially: «In Milan, don Félix liked to dedicate any spare time he had to asking people about old playing cards and in this way we found, for example, six cards made by Bonifacio Bembo or his school, polychromated by hand and gold embossed on parchment. Those were other times, because today it is extremely difficult, if not impossible, to find examples like these for sale».

Another way in which playing cards found their way into the Museum in Vitoria was through the collections of companies which were taken over by «Fournier». On buying these companies and their corresponding trade marks, don Félix also took possession of their collections. Some

zuen. Eta horrela aurkitu genituen, adibidez, Bonifacio Bembo edo bere eskolako, larrutxa gainean, eskuz polikromatu eta urrean landutako sei karta solteak. Beste garai batzu ziren, gaur oso zaila bait da, ezinezkoa dela ez esate arren, horrelako piezak salmentan aurkitzea.».

Vitoria-Gasteizko Museora aleak etortzeko beste bide seguru eta behin-betikoa: «Fournier»-ek irentsitako enpresetatik datozenak dira. Enpresa horiek eta dagozkien markak erostean, Felix Jauna beraien fondo guztien jabe egiten zen. Fabrika horietako batzu konpetidore garrantzitsuak eliminatzeko asmo garbiaz erosi ziren —zer bestetik gauza zilegia zen—. Ekoizpen nabeak isten ziren eta, pratikoki, ez eta makina batzu ez ziren erabiltzen.

Sentidu honetan, urte batean zehar «Gasteizera, kartak» idazteko egin ditugun ikerlanek datu oso zehatzak biltzen dituzte: 1930. urtean, Espainiako Karta Fabrikante-Batasunaren markak, hau da Guarro, Torrés eta Babarró, Alfarok lortzen ditu. 1962.ean Roura erosi zuen eta, gero, turrustan bezala, Olea, González, Durá, La Gaditana, eta abar, erortzen joan ziren. Bazen marka, «Dos Tigres» kasuan gertatu zen bezala, «Fournier»-ek egiten jarraitu nahi izan zuena. Beste guztiak lehiaren eraso ezabatzailearen biktimak izan ziren.

«Tseen-Wan» Chinese game, from the XIX century.

companies were bought with the clear and totally legal intention of eliminating important competitors. Production plants were closed and, in practical terms, nothing was taken advantage of, not even the machines.

In this way, the research we have done for more than a year in order to write «For Vitoria, Playing Cards», includes very specific data: in 1930 Alfaro obtained the trade marks of the Playing Card Makers Union of Spain made up of Guarro, Torrás and Gabarró. In 1962 he purchased Roura and afterwards, one after another, Olea, González, Durá, La Gaditana etc. There were trade marks, such as was the case of «Dos Tigres», that Fournier wanted to continue making. All the others were victims of the offensive which sought to eliminate the competition.

DOHAINTZAK ONARTZEN DIRA

Asko erosi zuen. Felix Alfaro Fournier Jauna, nahiz eta inoiz nekatzen ez zen gizona izan, kartak eta kartak erosten nekatu egin zen. Eraberean ugariak izan ziren jaso zituenak. Gai honetan sakondu nahi badugu, kontsultatzeko beharrezkoak dira bi katalogo txikiak eta Felix Jaunak prestatu zituen beste bi behinbetirako liburuak: «Kartak. Fournier Museoa». Liburu guzti hauen orrialdeen zehar, argi dago, Alfaro eta «Fournier» erosten joan ziren piezei buruzko xehetasun guztien aparte, gutxienezko, ertain eta errespetagarri diren dohaintzen etengabeko arrosarioa agertzen da. Eta, bestetik, fitxa solte ugari dago, aurreko aipamenak osatzen dituztenak.

Karta-jokua, Nurembergeko Michael Schrag-ek 1547.ean inprimaturikoa.

Nortzu ziren zaleak, edo enpresak, gasteiztar fabrikanteaz gogoratzen zirenak eta bere Museoa hobetzen joateko opari egin, sutu, lagundu nahi ziotenak...?. Ba, lehen lekuan, bere konpetidore beraiek: mundu guztiko fabrikanteak. Burgosko bere fami-

DONATIONS WILL BE KINDLY RECEIVED

He bought a great many cards. Despite his being a man who never got tired don Félix Alfaro Fournier began to tire of buying one deck after another and of dealing with the large number received.

Should one want to go more deeply into the matter, it would be necessary to consult the two small catalogues and the other two more definitive works which don Félix prepared: «Playing Cards. Fournier Museum». On the pages of all these volumes there is an unending list of small, medium-sized and large donations, in addition, of course, to all the references to the decks which Alfaro and «Fournier» acquired. And there are, on the other hand, numerous index cards which supplement the above.

Who were the enthusiasts or firms which remembered the manufacturer from Vitoria and wished to make him donations,to encourage him and help him to enlarge his museum? Well, in the first place, some competitors, manufacturers from throughout the world, including naturally, his relatives from Burgos, the firm of «Hija de Braulio Fournier» who, for example, sent their relative a couple of decks that they had made themselves and were dated 1932. And, in the neighbouring province, a curious manufacturer, Torrecilla de Cameros, almost at the foot of the Piqueras mountain pass: la señora de Pinillos de Vallejo, who had managed a playing card factory from 1835 to 1870 and whose descendants remembered the Fournier Museum and sent not only a deck from 1840 but also two wood carvings with 28 and 24 cards respectively.

Naipes y Especialidades Gráficas, of Hospitalet de Llobregat, Barcelona, sent

likideak, jakina, barne sartuz, «Braulio Fournier-en alaba» hura, zeinek, adibidez, berberak egindako eta 1932ean datatutako karta pare bat bere ahaideari bidali zion. Eta, inguruguko probintzian, Torrecillas de Cameros-ko, ia ia Piqueras Mendatearen oinetan, fabrikante harrigarri batek: Pinillos de Vallejo andrea, zeinek 1835 eta 1870 urte bitartean karta fabrika bat zuzendu zuen, eta horren oinordekoek Fournier Museotaz gogoratu ziren, eta, ez bakarrik 1840.eko kartak, baizik eta zurezko bi taila, hogeitazortzi eta hogeitalau, hurrenez-hurren, kartekin bidali zioten.

Hospitalet de Llobregat-eko, Bartzelona, Naipes y Especialidades Gráficas-ek, 1972.ean «Naipes Comas»aren 75. Urteurrenaren oroitzarrezko kartak bidali zituen eta geroago, gaur egun arte, bere ekoizpena Museoari bidaltzen jarraitu du.

Jakina, hori bera egiten du «Heraclio Fournier, S.A.»k. Eta salto handi bat Atlantikoaren bestekaldera eginaz, Cincinnati-ko, Playing Card Company E.B.etako opari batzu aurkitzen ditugu; hain zuzen ere, Ohio-n bere egoitza nagusia duen multinazionala, Estatu Batuetan eta Canadan fabrikak dituena eta bost urtetik honera «Heraclio Fournier, S.A.»ren akzioen %86,67ren jabea, enpresa operazio baten ondoren, zeinetatik Heraclio saiatsuaren oinordekoak gainerako %13,33ekin bakarrik irten ziren. Egia da, eta liburu honetan, hemen esateko unea da: USPCC-ren «Heraclio Fournier, S.A.»rekin bategiteak enpresa hura «munduko karta fabrikanteen gunerik handienean» bihurtu du, planetako ranking-ean lekua duen bigarren ekoizlearen fakturazioa gutxienez lau bider gaindituz.

«Heraclio Fournier, S.A.»ren gehiengo lasaia eskuratu aurretik, U.S. Playing Card Co.-ak hiru karta Felix Alfaro Jaunari erregalatu zizkion, hau da: USA Presidente-

the deck commemorating the 75th anniversary of «Naipes Comas» in 1972 and afterwards, even today, has continued to donate a sample of each new deck produced to the Museum.

Deck printed by Michael Schrag in Nuremberg in 1547.

Naturally «Heraclio Fournier S. A.» does the same. And from far away on the other side of the Atlantic, we discovered some gifts from the U. S. Playing Card Company of Cincinnati itself; the multinational company with its headquarters in Ohio, factories in the United States and Canada and no less than 86.67% of the shares of «Heraclio Fournier S. A.» acquired five years ago after a financial operation which left the successors of the enterprising Heraclio with only the remaining 13.33%. In effect, and this is the right moment to speak of it here in this book, the merger of the U.S. Playing Card Company of Cincinnati with «Heraclio Fournier S. A.», converted the former into the largest manufacturing complex of playing cards in the world, surpassing by no less than four times the production of the second most important manufacturer on the world ranking.

ena, berrogeita hamabi kartaz osatua, prensetatik 1972. urtean irten zen Nixon, Wallace, Humphry-ren karikaturak zituena, eta, 1984an argitaratutako, Los Angeles-ko XXIII Olinpiadei dagozkien bi karta.

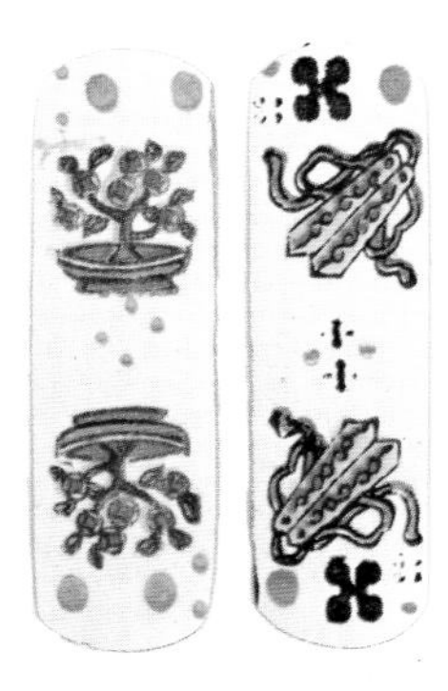

Domino antzerako joku txinarra, XIX mendean egina.

Fabrikante-emaileen artean berehala italiarrak aurkituko ditugu. Felix Jaunaren fitxek horrela sendesten digute: Treviso-ko Teodomiro dal Negrok, nomina honetan jarraiko duten guztiek bezala, XIX mendeko, bere azkenetakoen, eta kontenporaneoko karten bilduma on bat bidali zion. Triesteko, Modianok, jokurako kartak eta Tarots-ak, ia ia Italiako eskualde guztietako ezaugarriak, eraberean, Bergamo-ko Masenghini-k Cucú-aren Jokua eta beste jokurako karta eta Tarots ugari. Deitura ospetsu hauekin batera, beste ezagun hauek: Vito Arienti, Piccioto, eta abar.. Arenzanoko Emilio Piccioto-k erregalatu zion ez bakarrik italiar karta Museoa, baita ere suizar beste batzu ere. Bere aleak erromatar, napolitar, siziliar, e.a. tarots ziren. Italiarrengandik espero zenari bi kartek erantzuten diote: obra artistikoen berregintzen ugaritasuna. Vito Arienti-k, Lissone-n antzinako karten berrinprimaldien editorea,

Before obtaining the controlling share of «Heraclio Fournier S.A.», the U.S. Playing Card Company gave don Félix Alfaro three decks, one of which depicts the presidents of the United States, consisting of 52 cards containing caricatures of Nixon, Wallace, Humphrey, etc., which was printed in 1972, and two decks corresponding to the 23rd Olympic Games of Los Angeles, published in 1984.

The Italians occupy a prominent place among donating manufacturers. Don Félix's index cards confirm this: Teodomiro dal Negro from Treviso and all those who followed on this list sent him a fine collection of cards dating from the end of the 19th century as well as contemporary ones. Modiano of Trieste, gambling cards and Tarots, characteristic cards from almost all the Italian regions, Masenghini of Bérgamo, the game of Cucú, and many other cards for gambling and Tarots. In addition to these illustrious names, there are others no less well known: Vito Arienti, Piccioto, etc. Emilio Piccioto, of Arenzano, who not only gave the Museum Italian cards but also Swiss cards. These were Tarots from Rome, Naples, Sicily etc. Two decks do justice to what is expected from the Italians: an abundance of reproductions of artistic work. Vito Arienti, publisher of reprints of old cards in Lissone, gave him beautiful reproductions of geographic and heraldic cards from Pepoli, dating from 1725, the historic deck of Corona Férrea of Cumppenberg, 1844: the popular Piedmontese deck based on the Venecian Tarot of 1800, etc.

Also, fellow manufacturers from Germanic countries, which include, according to the notes kept by don Félix, Germany, Austria, Bohemia and Czechoslovakia. Piatnik and Sons of Vienna provided decks dating from the 1930's and several reproductions of other much older cards: the Austrian deck of «de la Corte», dating

1725eko, Pepoli-ko karta geografiko eta heraldikoaren bi berregintza eder, 1844ko, Corona Férrea. de Cumppenbrg-aren historikoa; 1800eko, Venecia-ko Tarot-ean oinarritutako, piemontear herrikoia, eta abar.

Baita ere, germaniar herrialdeetako lagunek, Felix Jaunaren oharretan Alemania-koak, Austria-koak, Bohemiakoak, Txekoeslobakia-koak direnak. Viena-ko, Piatnik eta Semeak, 1930. urteko kartak eman zizkion eta antzinagoakoak ziren beste batzuen zenbait erreprodukzio: 1460.eko «de la Corte» karta austriarra; 1806an Löschenkohl-ek eskuz koloretutako botanikoa..., eta jakina, fabrikante bezala bere 150. urteurrenaren oroitgarrizkoa. ASS Leinfelden, Spielkarten G.M.B.H. Bielefelder eta Kral-Otto Spangemacher, eta abarrek Felix Jaunaren lan biltzaileetan erabaki osoz lagundu zuten.

Lisboa-ko portugaldar emakume batek, María Gonzaga Ribeiro-k, balio handiko aleak, eta oso ugari, erregalatu zizkion: adibide bezala jartzeko, 1821. inguruan eskuz koloretutako eta kobrean grabatutako, jatorrizko karta konstituzional bat; beste bat espainiarra, Apeles Mestresen marrazkiekin, 1902koa; gormutuentzat, hatzen Alfabeto karta, John Wallis-ek XVII mendean aurkitutako sistema baten gainean; Pedro de la Colina fabrikantearen beste bat, 1864ean xilografian inprimatua..., eta benetan beste asko.

Schaffhausen-go, A.G. Müller suizarrak, bere 150. Urteurrenaren karta oroitgarrizkoa eman zion, baita karta karikaturizatzaileak, eta frantsesak, eta irudi kosmikodun tarots-ak. Baita ere aipatu behar da, zuzentasun osoz, beste bildumazale ospetsu bat: Mr. Max Ruh, IPCS-ren gaur egungo ordezkaria Suizan eta sozietate horretako lehendakari-ohia.

from 1460; the hand-coloured botanical deck by Löschenkohl in 1806, and, naturally, the deck commemorating their own 150th anniversary as a manufacturer. ASS Leinfelden, Spielkarten GmbH Bielefelder and Kral-Otto Spangemacher, etc., made very important contributions to the collections of don Félix.

A Portuguese woman, María Gonzaga Ribeiro, from Lisbon, donated a great number of very valuable decks: a constitutional deck, for example, engraved in copper and hand coloured, dating from 1821; another Spanish deck with drawings by Apeles Mestres of 1902; an alphabet deck for the deaf and dumb based on a system invented in the 17th century by John Wallis; another by the manufacturer Pedro de Colina, printed by means of wood engraving in 1864, and many others.

The Swiss, A. G. Múller of Schaffhausen, provided a deck commemorating its 150th anniversary, as well as decks

Chinese game of Domino, manufactured in the XIX century.

containing caricatures, French decks and Tarots. Mention should also be made of another well known collector, Mr. Max Ruh, the present representative of IPCS in Switzerland and ex-president of that company.

Baita ere, nabarmenki, Mr. Michael Goodall, «Goodall» karta firma ezagun haren ondorengoak merezi du. Firma horren bildumaren zati bat «Fournier» Museora etorri zen Thomas De La Rue-rena erosi zenean.

«Ramayana Granjappa» joku indiarra, 1865.ean egindakoa.

Baita ere fitxa horietan agertzen dira jokurako karten, tarots-en eta abarren beste fabrikante garrantzitsu batzu ere, «Fournier» Museoko fondoen gehikuntzarako bere ekoizpenen emale ospetsuak izan zirenak. France Cartes-Grimaud, Duserre edit., Imprimerie MBP gure hurbileko, Frantziari dagokionean. Belgica-n, Turnhout-en, Carta-Mundi, Eskilstuna-ren Oberg, suediar inpresoak...

J.C. Richard, paristarra, nabarmentzen da «Fournier» Museoa bazela gogoratu irenen, partikularrak hauek, artean. Alfarori zenbait karta publizitario, eta bi berredizio interesante bidali zizkion: 1664.eko «Gran Siglo Luis XIV» karta eta XVII mendearen azkenetako, Zaldidun kartak. Partikularrek bidalitako kartak heldu ziren eta gure datuen arabera oraindik heltzen dira, hain leku desberdinetatik: Sintra, Portugalean; Tanger; San Marino, Munich; Kinkeveen, Holandan; Odensa, Dinamarcan; Toronto; Helsinki; Oslo; Sao Paulo;

We should also mention Mr. Michael Goodall, a descendent of that famous firm of card makers «Goodall». A part of that collection came into the possession of the Fournier Museum when the Thomas De la Rue company was acquired.

These index cards also contain other important manufacturers of playing cards, Tarots, etc. Well known producers who donated their products to add to the collection of the Fournier Museum. These are France Cartes-Grimaud, Duserre edit., from our neighbouring country France. Carta-Mundi of Turnhout, in Belgium. Oberg, a Swedish company from Eskilstuna, etc.

J. C. Richard, a Parisian, is an outstanding example of the private individuals who also remembered the existence of the Fournier Museum. He sent several publicity decks to Alfaro and two interesting reeditions: the Luis XIV Golden Age deck of 1664 and the Equestrian deck dating from the end of the 17th century. A continuous flow of cards sent by private individuals arrived according to our data, from such different places as Sintra in Portugal; Tangiers; San Marino; Munich; Kinkeveen in Holland; Odensa in Denmark; Toronto; Helsinki; Oslo; Sao Paulo; Richmond and Washington; Buenos Aires; Japan; Israel; Amsterdam; Tunis; Mexico; Bombay ... Mysterious packages which were opened quickly in eager anticipation, one after the other for the Museum. Another, another ...

On occasions packages were not necessary as the cards were brought by residents of Vitoria; brought by travellers from throughout the Basque Country. They are so many and so different that the author begs forgiveness from his readers and, moreover, from the great number of donors whose names have been left out of the list.

Richmond eta Washington, Buenos Aires, Japon; Israel; Amsterdam, Tunez; Mexico, Bombay... Pakete misteriosoak, aditasun etenaz berehala irekiak. Museorako bata bestearen gainean, piezak. Beste bat. Beste bat.

Batzutan, argi dago, pakete horiek ez ziren esistitzen. Es zuen faltarik egiten: agoeneko Gasteizen aurkitzen ziren kartak edukiko zituzten, hemen bertako, Euskal Herri guztiko bidaiariek ekarriak. Hainbeste eta hain desberdinak izan dira, hainbeste eta hain desberdinak dira..., egileak bere irakurleei, eta batez ere hainbeste diren emaile haiei, atxekiak eskatzen dizkie, zerrendetan beraiek ez agertzeagatik; zerrenda hoietatik, seguru asko, bat baino gehiago kanpoan gelditu dira. Etxekoa... etxean uzten dugu.

Vitoria-Gasteizko fabrikarekin oso loturiko norbait, eta «The Encyclopedia of Tarot» zehatzaren egile, Mr. Stuart R. Kaplan, bere Museoaren eguneroko birpizkundean Felix Jaunaren berebiziko laguntzaile izan zen. Kaplan zen, profesionalki, Amerikako Estatu Batuetan enpresaren agentea, «Fournier»-en gizona. Hain desberdinak diren aleak: Milango, Guido Bolzani-ren Tarot-a; Marsellako Tarot-ean oinarritutako, English Fortune; Riderwaite; Estatu Batuetako Bigarren Mendeurrenaren karta oroitgarria, Kaplan-ek berak idatzitako liburutxoarekin eta Gorsline-ren marrazkiekin; Yates-ek marraztutako, Citizens Band humorezko karta, Zigeuner tarots-ak, The Starter, Oswald Wirth, Stairs of Gold...; «la Iglesia de la Luz» egyptiarra, tarocchinoa eta Menegazzi-ren taroccoa, «Flores Adivinas» Zoriaren jokoa; Nurenberg-en Wolfgang Rösch-ek, 1535ean, ezpelean inpresatutako kartaren birrinprimaketa; Langley Newman-en, «Historia de los Negros» kartak; Amerikar Estatu guztiekin «Globo»a: Koji Furutak sortutako, «Ukiyos» japoniar tarot-a bidaltzen ahalegindu zen... Nueva York-eko bere bulegoetatik, Stuart R Kaplan, dago-

A person who had strong links with the factory in Vitoria-Gasteiz and was author of the exhaustive «Encyclopedia of the Tarot», Mr. Stuart R. Kaplan, was an outstanding collaborator of don Félix in the daily revitalization of his museum. Kaplan was, professionally, an agent of the company in the United States—Fournier's man. Mr. Kaplan took great pains to send such varied examples as the Tarot of Guido Bolzani of Milan; the English Fortune deck, based on the Marseille Tarot; the Riderwaite, the deck which commemorates the 200th anniversary of American independence with a booklet written by Kaplan himself and drawings by Gorsline; the humorist deck Citizens Band, drawn by Yates, the Zigeuner Tarot, The Starter, Oswald Wirth, Stairs of Gold; the Egyptian Tarot «The Church of Light», the tarocchino and tarocco of Menegazzi, the game of fortune «Flores Adivinas»; the reprinting of the deck printed on boxwood in 1535 by Wolfgang Rösch of Nuremberg; the deck «History of the Negros» by Langley Newman; the «Globe» with all the American states; the Japanese

«Ramayana Ganjappa» Indian game, made in 1865.

Tarot «Ukiyos» created by Koji Furuta. From his offices in New York, this well known writer, Stuart R. Kaplan, not only gave Mr. Alfaro these cards but several dozen more.

eneko ikerlari klasiko honek, Alfaro Jaunari, ez bakarrik ez zion bidali aipatutakoak, zenbait dozena karta gegiago ere bidali zion.

Seguru asko, Felix Alfaro Fournier Jaunak, bere ondo ezagun konstantziarekin, prestatzen joan zen fitxa ugarien zehaztasunean arituz irakurlearen pazientziarekin amaituko luke. Horregatik bebarrezkoa gertatzen da oraingo kapitulu honekin bukatzea, nahiz eta aurretik beste hiru aipamen bitxi labur eginaz, hau da:

Alfaro bildumazalearen lanean zenbait pertsonen lankidetza. Bi adibide: Lozoya markesak Madril-etik batzu espainiar estiloko kartak eta besteak frantses estilokoak bidali zitun, bakartientzat, Paris-en Hocier-ek XIX mendean inprimatutako, II Imperioa; eta orduan Prado-ko Museoko Zuzendaria zen Javier Salas-ek, «Fournier» Museotaz gogoratu zen Japoiara bidaian zijoala: Nintendo-k Kioto-n duen prentsetatik 1972.ean irtendako, Hana-Karuta joko bat ekarri zuen.

Birmingham-en bizi zen eta karten gaietan aitu oso ezaguna den, Trevor Denning, bere «Spanish Playing Cards» liburuan, mundu guztian, karten diseinurik zabalena eta garrantzitsuena, «Heraclio Fournier, S.A.»rena dela eta baita ere Gasteizen dagoela munduko Karten Museorik hoberena esatea heldu zen. Hori horrela, Trevor Dennig berak lau kartako hamairu sortaz osatutako, eta 1896.ean Cincinnati-n, U.S. Playing Cards-ek inprimatutako Ikurrinen Jokoa Felix Alfaro Jaunari erregalatu zion... Aurretik esan dugu, enpresa honek duela Gasteizko lantegian gaur egun gehiengoa.

Felix Jaunak bere «Los Naipes. Museo Fournier» lanean jartzen duen «América Hispano-Portuguesa» atalaren barne, espainiar estiloko «Victoria...» markako karta batzu agertzen dira, Buenos Aires-en? arabar enpresako antzinako langileek 1915ean egindakoak. Karta Museo hau eta «Fournier» Museo hau, ustekabeen mundu bikoitz bat da...

A detailed description of the great many cards which don Félix Fournier prepared so methodically over the years would surely exhaust the patience of the reader. Therefore, to conclude this chapter, we will describe, briefly, some of the more interesting references:

The contribution of certain well-known personalities to the collection of don Félix. Two examples: the Marqués de Lozoya sent a Spanish style deck and another French style deck for solitaire from Madrid; the Second Empire printed in the 19th century by Hocier in Paris; and Javier Salas, at that time, Director of the Prado Museum, remembered the Fournier Museum when he travelled through Japan: he contributed a Hana-Karuta deck, manufactured in 1972 on the presses Nintendo have in Kioto.

Trevor Denning who lives in Birmingham and is a recognized playing card expert, came to the conclusion in his book «Spanish Playing Cards» that the most widespread and outstanding playing card designs in the world are those of Heraclio Fournier S. A. and that the best playing card museum is also to be found in Vitoria. Trevor Denning himself gave don Félix Alfaro the Game of the Flags consisting of thirteen series of four cards printed in Cincinnati in 1896 by U.S. Playing Cards who is, as we have said before, the present majority shareholder of the factory in Vitoria.

Within the «Spanish Portuguese America» section which don Félix established in his book «Playing Cards. The Fournier Museum», there is a Spanish style deck with the trade mark «Victoria», manufactured in 1915 by former employees of the company from Alava in Buenos Aires! Two surprising worlds-playing cards and the Fournier Museum...

FORU KONTROLA, LEKUA BENDAÑA JAUREGIA

...«Fournier» Museoak, bere bidearen azkenera eta, baita Felix Alfaro Fournier Jaunaren ia ia azken egunetan, jabeak aldatu zituen: ehun urtetik gorako enpresa batetik, soi-soilik, arabar guztietara. Arabako Foru Aldundiak erosi zuenean bere izenburua gordetzen jarrai zezala nahi izan zuen. Horrela, «Fournier» Karta Museoak bide labur bat egin zuen bere izeneko kaletik Augusti Jauregira, Arabako Arte Eder Museora.

Urte batzu aurretik Felix Jaunak hauxe idatzi zuen: «Bilduma handi partikularren norakorik jatorrena eta gizartearentzat eraginkortasunik handiena halakoren batean Museo publikoa izatera heltzea da hain zuen ere, horrela eginkizun askoz ere zabalago bat beteko dute».

Urte gutxi hil aurretik, Heraclio Jaunaren bilobarik nagusienak, hiru urte aurretik gertatuarekin, nabarmenki, atseginak erakusten zituen: 1986ko ekainaren 20ean, gure Arte Eder Museoan, hiriko jaur-lekurik onenean, ehun eta berrogeita hamar miloi pezetako irudizko zenbatekoan Arabako Foru Aldundiak 1984ko irailaren 11ean erosi zuen «Fournier» Karta Museoaren berrinaugurazioa egin zen.

Egun horretan, bere leku berrian Karta Museoa berrerikitzean, Alfaro Fournier familia jabe ohienganako aintzatespen hitzak entzuten jarraitzen zen: «Museo honen irekiera —ofizialki esan zen— gasteiztar familia honen omenaldi bat izan behar du arabar arte eta kulturaren alde egindako lanagatik, eta izugarrizko baliodun bere azken zeinuagatik: hemen eta, baita atzerrian ere, hain garrantzitsua eta gutiziagarria den erakusketa hau, bera jaio zen hirian gel zedin eginerazi, gu guztion arrotasunerako».

UNDER THE CONTROL OF THE PROVINCIAL COUNCIL, IN THE BENDAÑA PALACE

At the end of the road and also almost at the end of don Félix Alfaro Fournier's life, the ownership of the Fournier Playing Card Museum passed from a one hundred-year-old company to all the inhabitants of Alava. When the Provincial Council of Alava bought the Museum they wanted to keep the same title. Thus, the Fournier Playing Card Museum was taken a short distance from the street which bears the same name as the company to the Augusti Palace, the Fine Arts Museum of Alava.

Don Félix had written, some years before: «The noblest destiny and greatest social benefit for large private collections is to become, one day, a public museum which enables them to be far more useful to society».

A few years before he died, the eldest grandson of don Heraclio clearly congratulated himself on what had happened three years before on 20th June 1986 in our Fine Arts Museum which is situated in the most charming area of the town. The re-inauguration of the Fournier Playing Card Museum had been held, acquired on September 11th 1984 by the Provincial Council of Alava for the symbolic amount of 150 million pesetas.

That day, when the Playing Card Museum re-opened its doors, a few words were spoken in recognition of the ex-owners, the Alfaro Fournier family: «This Museum is opened», —it was indicated officially— «in homage to this family from Vitoria-Gasteiz for their dedication to the art and culture of Alava and as a last gesture of extraordinary value: to have allowed this collection which is so impor-

«Pena handi bat izan da —Ramón Alfaro Fournier Jaunak, bere familiaren izenean, zion— honelako bilduma bikaina, kultur bideetatik aparte, eta, Arabako jendeen ikustaldiak izan arren, lantegi batean egon izatea. Nire anai Felix-ek emakida hau gogorik handienarekin bizi izan zuen, dena bere lana izan zelako. Bilduma hau uztea asko kostatu zitzaigun, sentipen ikuspegitik begiratuta».

Baina pena balio izan du, interes orokorretan pentsatzen badugu. «Munduko bildumarik aberatsena antzinako kartetan», honako «arte grafikoetako espezialitate honetan alerik baliotsuenen, arraroenen, bitxienen eta ederrenen bildumarik hoberena», deitzen zaion bezala, oso zaindua eta babestua dago, etengabe bere fondoak ugaritzen doaz bi urtetan (1989-1990) bi mila eta bostehun ale baino gehiago erosi edo dohainik jaso dira eta, gainera, lekualdatzeko hartu zen erabaki haren zuzena inork zalantzan jarri ez

Karta-jokua, Madre e Hijos de Castellanos-ek Madrilen egina, 1855.ean.

dezan, arte Ederretakoarekin, Arabako Museoak ikustera joaten den kopurik handiena berak erakartzen du: urtean hogeita hamar mila gutxi gora-behera.

tant and coveted, even abroad, to remain in the city where it was created and which is such a source of pride for everyone». «It was a pity —don Ramón Alfaro Fournier thinks, on behalf of all the family— «for this wonderful collection to remain in the factory, isolated from the cultural environment, despite the visits of local inhabitants. My brother Félix witnessed the handing over of the Museum with tremendous interest because it had been all his own creation. From a sentimental point of view, it was very difficult for us to give up this collection».

But it has been worth the trouble if we consider the interest it has for the public in general, because the size of «the most extensive collection of old playing cards», this «best collection of valuable, rare, curious and beautiful examples of this speciality of graphic arts», as it has been defined, which is well looked after and protected, increases constantly —in two years 1989 and 1990 more than 2.500 decks were acquired or received by donators— and, moreover, so that no-one may doubt the correctness of that decision to transfer the Museum, it attracts, together with the Fine Arts Museum, a large number of the people who visit the museums of Alava: more or less 30.000 per year.

Even as this book is printed, the Fournier Playing Card Museum shares the exhibition halls of the Fine Arts Museum. This will not be for long as a very special building has been purchased and is being restored to house it: the historic Palace of Bendaña, as the new setting for the Museum which is dedicated to such fascinating cards: «The Fournier Playing Card Museum», declared Provincial Deputy Mr. José Ramón Peciña in July 1990, «contains a much larger collection than the one which the public can see now and so it is necessary to provide a much larger

Oraindik oraingo liburu hau prentsetatik irtetzen ari den bitartean, «Fournier» Karta Museoa Arte Ederretako geletan dago. Denbora gutxirako izango da, eraikin berezi bat: Bendaña Jauregi historikoa, hain zuzen, erosi eta berritzen ari bait da, hain kartoi zoragarrientzat zuzendutako Museoaren egoitza bezala. «Fournier» Karta Museoak —José Ramón Peciña Jaun Foru Diputatuak, 1990eko uztailean zion— gaur egun jendeek ikusi dezaken baino fondo askoz gehiago ditu, horregatik gaur egungoa baino leku handiagoa behar da. Bendaña Jauregia egokitzeko goranahizko egitasmo bati ekin diogu mundu mailan bakarra izango den Museo bat edukitzeko asmotan. Uste osoan gaude «Fournier» fondoak oso leku onean, eta duinduak, geldituko direla. Jauregi hori —eta bere inguruak— orain arte haroztegi bat gordetzeko izan direnak eta Arabako Foru Aldundiak erositakoa, XV mendearen azkenetan eta XVI mendearen hasieratan datatzen da, bertan berant gotikera errenazentista., zilarrezko estiloekin nahastuz. Bere barnean bere eskaileren ganga, horiek eta igargu perimetralak nabarmentzen dira.

Museo oso osoa, ondo dakigunez, 1970. urtetik hasita izan zen bakarrik berebizikoa, bi pertsonaiek —Felix Alfaro aparte, bere betiko lagun eta laguntzaile, Luis Monreal eta Tejada Jauna ideiarekin espapiztu zirenean; ez ia bigarren zati guzti bat, baizik eta, gainera, zati hoberena zeinekin eratuko zen, Sotheby's enkantebizitza eskuratu. Ideiarekin berotu ziren, Thomas De La Rue konpainiaren bilduma erasotu zuten, eta, eskuratzean, gasteiztar Museoa benetan munduko hoberenean bihurtu zuten.

Luis Jauna —gaztea zela, hamar urtetan bizi izan zen Gasteizen. Beste batzuen artean, Alfaro Fournier-en laguna, geroago, hogeita hamabi urtetan, «Heraclio Four-

space than the one available at this time. Our idea has been to begin an ambitious plan to restore the Palace of Bendaña with the aim of creating a museum which is

Deck made in Madrid by Madre e Hijos de Castellanos in 1855.

unique in the world. We are convinced that the Palace will provide a wonderful setting for the Fournier collections. This Palace and its adjoining buildings which, until now, have housed a carpentry workshop and which have been purchased by the Provincial Council of Alava, dates from the end of the 15th century and the beginning of the 16th century and represents a mixture of late Gothic Renaissance and Plateresque styles. The dome over the staircase, the staircase itself and the surrounding galleries are especially noteworthy».

An extensive collection which, as we know, became really exceptional only after 1970 when two people, don Félix Alfaro and his permanent friend and collaborator, don Luis Monreal y Tejada, became obsessed with one idea: to buy, through Sotheby's auction rooms, what was, without doubt, the best collection. Haunted with this idea they pursued the collection of the company, Thomas De

nier»en ordezkari izan zen Bartzelona-n. Diziplina ugarietan oso aitua, dio «beti «Fournier»i buruz laguntzaile bat izan etxekoa izango balitz bezala... Niretzat, Alfarotarrekin lan egitea bere familikoa izatea bezala zen».

Felix Alfaro Fournier Jaunarekin Luis Monreal Jaunak zuen etengabeko eta berarizko harremanak une ospatsu ugarietara joaten lagundu zion: Felix Jauna, lau edo bost urte hil aurretik, espainiar karta osoa, Europa-ko antzinenetakoa zela ustekoa, XIV mendeko azkenetako, Bartzelona-ko Institut Municipal-aren «morisco» pleguarekin batera, erosi zuenean.

Monreal eta Tejada Jaunak bere despatxua Bartzelona-ko Domingo Pasagunean dauka. Edmund Peel y Asociados enpresaren katalogoen erakusgai oso zabalaren edozein piezaren edozein irakurleak helbide hori berehala ezagutuko du: hain zuen ere, munduko enkante-etxe handienaren interesak, Espainian, Madril-en eta Bartzelona-n bulegoekin, ordezkatzen duen enpresa honen helbidea da. Domingo Pasagunean, 2 zk.a, Sotheby's-ek du bere egoitza. Etxe-enkantegile honetan The Thomas De La Rue Company Ltd.-ren fondo guztien enkantea hasi zen 1970.eko azaroaren 30eko, astelena, goizeko hamaiketan punttuan.

Monreal eta Tejada Jauna da, Edmon Peel bidez, Sotheby's-en aholkulari nagusia Bartzelona-n.

la Rue and, when they obtained it, they converted the Museum in Vitoria into the only one of its type in the world.

In his youth don Luis had lived for ten years in Vitoria. A friend, among others, of the Alfaro Fournier family, afterwards he acted as an agent of Heraclio Fournier S. A. in Barcelona for thirty-two years. A specialist in numerous disciplines, he declares that he has always had a very close relationship with Fournier. «To work with the Alfaro family, for me, was like being a member of the family itself».

The exceptional and permanent contact of don Luis Monreal with don Félix Fournier, allowed him to witness a great number of solemn moments, for example, when don Félix, 45 years before he died, purchased a complete Spanish deck which is considered as being the oldest in Europe, together with the Moorish signature of the Institut Municipal D'Historia de Barcelona at the end of the 14th century.

Mr. Monreal y Tejada had an office in the Pasaje Domingo in Barcelona. A reader of any item in the extensive catalogues of the company Edmund Peel and Associates will recognise this address immediately. It is precisely the address of this company which represents the interests of the largest auction rooms in the world with offices in Madrid and Barcelona. Sotheby's, the same auction rooms in which at 11 o'clock on the morning of November 30th 1970, the auction began of the complete collections of the Thomas De la Rue Company Ltd. at their offices at Pasaje Domingo number 2.

Mr. Monreal y Tejada is, through Edmond Peel, the main advisor for Sotheby's in Barcelona.

ENKANTERIK HANDIENA, SOTHEBY'S-EN

Aurretik esan den bezala, Sotheby's izan zen, Thomas De La Rue Konpainiaren eskaeraz, karten enkante handia antolatu zuena: «karten historia osoan handiena», Alberto Sáenz de San Pedro Jaunak zionez: «Felix Jauna pentsatu eta pentsatu egon zen, Sotheby's-en katalogoa ikusi zuen une bertatik hasita, dio. De La Rueren bilduma gutxi gorabehera zenbait kostatuko zen ideia bat bazuen. Irteerako preziotik hasita noraino igo genezaken kalkulatzen arduraturik zegoen. Kopuru egoki bat erabaki zen. Ni Londres-era joan nintzen erizpide bat hartzeko elementurik zehatzenak biltzeko, guztia ikertzen amaitzeko. Felix Jauna geroago joan zen: enkante bertara. Azkenean, guretzat hoberena gertatu zen: gutxi gorabehera kalkulaturik genuena ordaindu genuen; libra bat gehiago ere ez.

Azaltzen ari garen minuskulekin historia honetan orain bi gizon gehiago sartzen dira. Beste Luis Monreal bat, Agustí bigarren deiturarekin, eta Marshall Spink dira. Monreal eta Tejada-ren semea eta «karten munduaren Historia osoan enkanterik handiena» Felix Alfaro-ri eskuratzen erabakiz lagundu zion aintzinatekaria oso ondo ezagutzen ziren. Araba osoaren onuran amaitu zen eragiketa baten arrakasta zalantzarik gabe lortzen lagundu zuen harreman pertsonala, eta ia ia esango genuke familiarra.

Monreal Martí-k, Marshall Spink-ekin zuen adiskidetasun bereziak espero zena eragin zuen: Monreal eta Tejada-ren eta bere negozioetatik erretiratuta bizi den aintzinatekari zahar honen artean beste lotura berezi bat.

1970.eko azaroaren 30 hartan, New

THE LARGEST AUCTION AT SOTHEBY'S

As we have stated before, Sotheby's organised the great playing card auction, at the request of the Thomas De la Rue Company: «The largest in the history of playing cards», according to Mr. Alberto Sáenz de San Pedro: «Don Félix told us that he was going over this question in his mind, time and time again from the moment he received the notification from Sotheby's. He had a general idea of the approximate total cost which the De la Rue collection was going to fetch. Don Félix was worried about calculating how far we could go. He decided on the convenient sum. I went to London to make a final inspection of the collection and to judge its worth with greater precision. Don Félix went later to the auction itself. In the end we were lucky. We invested more or less what we had calculated, not one pound more».

Two more men now enter the story which we are relating. They are the names of another Luis Monreal, whose second name is Agustí, and Marshall Spink. Because the son of Monreal y Tejada and the antiquarian, whose help was decisive for Félix Alfaro to obtain «the greatest auction in the whole history of playing cards», knew each other very well. A personal relationship and, we could almost say, a family relationship, which without doubt favoured the success of an operation which would finally benefit all the inhabitants of Alava.

The special friendship between Monreal Mart and Marshall Spink brought about what everyone knew was going to happen: another special link between Monreal y Tejada and this veteran antiquarian who has now retired from the business.

Bond Street-eko 34 eta 35 zenbakietako, bere «amplias galerías»etan —horrela aldarrikatzen zuen katalogo ofizialak— Oxford St. eta Picaddilly artean, Grosvenor Square-tik gertu, Sotheby's-etxeak Thomas De La Rue-ren bilduma ederra, oso baliotsua, eta, «Fournier»-entzat ikaragarri beharrezkoa zena enkantean jartzen zuen.

Eta, azaroaren 30ean egun bertan, tratalari famili oso ezagunekoak ziren —bera eta bere lehengusuak— bi adarretako bateko kide, Spink deituradun aintzinatekari bat, Bond Street, zaharretik, kuriosoki helduak, ez Monreal-ek ez Alfaro-k arrakasta berdinekin inoiz ezin protagonizatu izango zuten egitekoa ordezkatu zuen: teknikoki esanda «Artekaria»rena.

«Guk, Londres-ko Sotheby's-en enkanteen mundu hari buruz, ez genuen inolako ezagutza teknikorik, dio orain Monreal eta Tejadak, horregatik, Marshall Spink-en laguntza gurekin edukitzea, oso beharrezkoa eta funtsezkoa izan zitzaigun. Bera izan zen, beti gure ondoan, enkante bitartean ere gure alboan genuelarik, guregatik puja egin zuena. Nik, neure aldetik oraindik ez nuen Sotheby's etxearekin inolako harremanik. Felix Alfarok eta nik, bakarrik ihardun baginan, New Bond Street-era «mareatutako antzarren antzera» joango ginan. Spink-ek salbatu ginuzten.

Sotheby's-en londrestar areto handira joan aurretik, Thomas De La Rue bildumak beste bi erakustoki ospetsu ezagutu zituen: lehenengoz, jakina da, fabrikantearen norbere instalazioa, eta, 1965. urtetik hasita, azken bost urtetan, British Museum-aren egitura bikain eta ospatsua, Oxford Street eta New Bond-etik ez oso aldendua.

Baina Thomas De La Rue and Company-ri, 1832.ean jaiotako enpresari, eta beraz «Fournier» baino hogeita hamasei urte aurretikoa, bere Museo partikularra traba egiten hasi zitzaion. Bere garapen propioak, egunetik egunera gehitzen

On that 30th November 1970, in the auction rooms's «extensive galleries», as the official catalogue boasted, at 34 and 35 New Bond Street, between Oxford Street and Picadilly, half way to Grosvenor Square, Sotheby's auctioned the beautiful, very valuable and, for Fournier, terribly necessary collection of Thomas De la Rue.

An antiquarian called Spink, a member of one of the two branches of a well known business family, arrived from Old Bond Street on that same 30th November and played the role which neither Monreal nor Alfaro had been able to interpret with success: that of the «art broker».

«We», declares Monreal y Tejada now, «did not have any technical knowledge of the auction world of Sotheby's in London and for us it was absolutely necessary to have the assistance of Marshall Spink. He was the person who was at our side throughout the auction and made bids for us. I personally did not have any contact with Sotheby's. Should Félix Alfaro and myself have acted alone, we would have been completely out of our depth at Sotheby's. Spink saved us».

Before reaching Sotheby's London showrooms, the Thomas De la Rue collection had been installed in two other well-known settings: first, of course, on the premises of the manufacturer and, during the last five years, as of 1965, within the colossal and solemn structure of the British Museum, not very far from Oxford Street and New Bond Street.

But to Thomas De la Rue and Company, a company which was formed in 1832 and therefore thirty six years before Fournier, his private museum began to get in the way. The growth of the museum posed a problem of space. Surprisingly, however, in the end, the company stopped manufacturing playing cards in 1970, zijoan bilduma batentzat lekurik ez edukitzea eragin zuen. Nahiz eta, harrigarriro, azkenean, 1970. urtean hain zuzen, kartak egiteari uzten hasi zen enpresa, Sotheby's-en enkantea egin zen egunarekin batera, une horretatik aurrera bere lanak beste ekoizpen mota batzuetara zuzenduz, baina beti Arte Grafikoen sektorea inoiz utzi gabe. Oraintsu, A.G. Lerchundi, euskal enpresa batek, segurtasun agirien sektore inprimatzailea ondorengo sloganez publizitatu zuen: «De La Rue-rekin liderra finkatzen da». Lerchundi De La Rue Konpaini taldeko kidea da. Deitura hain ezaguna eta frantsesa ez da erraz galtzen.

Egia hau da —Bartzelona-ko bere despatxuan Monreal eta Tejadak azaltzen digu— nahiz eta oso ulergaitza iruditu, Thomas De La Rue-k bere karta bildumarentzat ez zuen lekurik aurkitu. Eta bost urte luzetan Britainiar Museoan gordeta eduki zuen. Egoera inolako sentiduan errentagarri ez zela kontuan erori ziren arte, eta saltzea erabaki zuten. Eta orduan Sotheby's-en eskuentan jarri zuten.

Bilduma unkigarria, «elementu xilogra-

«Halabeharraren» karta-jokua, Errusian XVII mendeko azken urteetan inprimatua.

«Fortune» deck printed in Russia at the end of the XVII century.

coinciding with the holding of the auction at Sotheby's, when the company began to turn its efforts to other types of production within the field of graphic arts. Recently a Basque company, A.G. Lerchundi, publicised its security document printing division by using the following slogan: «With De la Rue, the leader consolidates his position». Lerchundi is a member of the De la Rue Company group. Such a well-known name does not disappear easily.

«The truth is this,» —explains Monreal y Tejada in his office in Barcelona— «although it seems impossible, Thomas De la Rue could not find a place for his playing card collection and he had deposited it for five long years in the British Museum until they probably realised that this did not benefit them in any way and they decided to sell it. It was then when they placed the collection in the hands of Sotheby's».

An impressive collection which arrived in Vitoria together with some of the pieces which Félix Alfaro Fournier classified as «wood-engraving, chalcographical and lythographical items», and which began,

fiko, kalkografiko eta litografiko» bezala Felix Alfaro Fournier-ek sailkatzen zituen piezetako batzuekin batera Vitoria-Gasteizera heldu zena, eta, nola ez ba, De La Rue-k, 1832.ean Londres-en egindako berrogeita hamabi kartadun, lehen kartekin hasten zena. Alfaro Jaunak hauxe zion:

Karta-jokua, Diessenhofen-eko J. Müller-ek 1874.ean inprimatua.

Urte hartan, Thomas De La Rue-k, Konpainiaren sortzaileak, karta gintzan bere aurkikuntzagatik, Guillermo IV.ak emandako Britania Handiko Zigilu Handia lortu zuen. Aurkikuntza horrekin, bere gostean murrizpen garrantzitsu bat lortzen zen eta inprimaketa tipografiko sistema berri baten bidez koloretsua zulaketaz ordezkatzen zuen. Horrela karten joku modernoen aita bezala kontsideratu izatea lortu zuen. Joku hori da fabrikante honek eta prozedura berri honen bidez egindako lehen inprimatua.

Atzetik karta standard pilo bat zetorren, eta beste batzu eraldaketakoak, oroitgarrizkoak, fantasiazkoak, miniaturak, bakartientzakoak... Lehen standard, 1835. inguruan egina, «irudi modernoagoekin —Felix Alfaro Jaunaren azterlanaren arabera— jendeak ondo hartu ez zuena, De La Rue berriz ere antzinako marrazkietara itzuli behar izan zuelarik». Beste bat,

naturally, with the first deck of fifty-two cards, produced by De la Rue in London in 1832. Mr. Alfaro continued:

«That year, Thomas De la Rue, founder of the company, obtained the great seal of Great Britain, awarded by George IV for the work he had done in the manufacture of playing cards, replacing stencil-colouring with a new system of typographic colouring, obtaining a considerable reduction in costs. For this reason he is considered as the father of modern playing cards. This deck is the first printed by this manufacturer and with this new procedure».

Afterwards came a large number of standard decks and other transformation, commemorative, fantasy, miniature, solitaire decks. The first standard deck manufactured around 1835, «With more modern figures», according to a study made by don Félix Alfaro, «that were not accepted by the public and De la Rue was forced to return to his old designs». Another with the coat of arms of Queen Victoria and Prince Albert, printed in pure gold on the back and specially prepared to commemorate the Royal Wedding of 1840. Another commemorating the engagement of Prince Alfred the Duke of Edinburgh, with Princess Alexandria of Suria in 1874 and the deck of fifty-two patented designs by another De la Rue, Warren, in 1877. And a deck dating from 1887 which commemorated the Jubilee of Queen Victoria. And a deck printed in 1928, a lithographic replica, the first xylographic deck of Thomas De la Rue, and then some more recent decks produced sixteen years before the printing of the final De la Rue decks: a deck made in 1953 commemorating the Coronation of Queen Elizabeth II. And decks which the British company had exported: in 1923 the Chinese Mah-Jong deck of one hundred and forty-four cards and a deck made

Victoria Erreginaren eta Alberto Printzipearen armarriekin, atzekaldean urre garbiaz inprimatua, eta bereziki erret ezkontza, 1840.ean, ospatzeko prestatua. Beste bat, Alfredo Printzipe, Edimburgoko Dukearen, Alejandra de Suria Printzesarekin, 1874.ean, ezkontzaren oroitgarrizko. Eta beste De La Rue batek, Warren-ek, 1877.ean patentatutako berrogeita hamabi marrazkiduna. 1887.ekoa, Victoria Erreginaren Jubileua ospatzen zuena. Eta 1928.ean inprematua, Thomas De La Rue-ren lehen joku xilografikoen litografian berdina. Oraintsuagoak diren kartetako batetara heldu arte, azken De La Rue kartaren inprimaketa hamasei urte aurretik egina: Isabel Erregina II.aren koroatzea 1953an, Mah-Jong-aren joku txinarra, ehun eta berrogeita lau kartaduna, 1933.ean, bridge-rako karta pertsiarra, edo bakartientzat kartak...

Sotheby's-en enkantean jarritakoa eta herriz-herri honela antolatutako izugarrizko erlo, multzo bat: Alemania, Austria, Italia, Inglaterra, Frantzia, Holanda, Espainia (Torras y Lleó-k egindako kartak, Bartzelona-n; Erret Fabrika-k, Madril-en; José Martínez de Castrok, baita ere hiriburuan; De Maciák Bartzelona-n; Acuaviva-k, Cadiz-en; Muñoz-ek, Malaga-n; González-ek, Madril-en; Ramírez-ek, Bartzelona-n; Felipe Ocejo-k, Madril-en... eta, nola ez, «Heraclio Fournier»-ek gure hirian, Suiza, Belgika, Errusia, Ipar-Amerika, Mexiko, Txina, Portugal, Suedia, Txekoslobakia, Pertsia, Hegoafrika, Hungaria, Letonia, Japonia, Irlanda, Kanada, Bulgaria, Kuba, Egypto, Australia, Polonia, Norvegia, Danimarka eta Brasil. Horrela gelditu ziren sailkatuak, guztiak batera eta batuta, De La Rue-ren bilduma bikaina, osatzen zuten bilduma partikularrak.

«Guzti hori lortzea —Luis Monreal eta Tejada Jaunak esaten zigun—, hogei urte baino gehiago geroztik begiratuta, aparteko gauza izan zen. Guk, «Fournier»-en ia ia espainiar guztia bildurik genuelako,

in 1933, the Persian deck for bridge or the cards for solitaire.

An enormous lot, auctioned in Sotheby's and classified by country in this way: Germany, Austria, Italy, England, France, Holland, Spain (cards produced by Torrás y Lleó in Barcelona; by the Royal Factory in Madrid; by José Martínez de Castro, also in Madrid; by De Maciá of Barcelona; by Acuaviva of Cádiz; by Muñoz in Málaga; by González in Madrid; by Ramírez in Barcelona; by Felipe Ocejo in Madrid and, naturally, by Heraclio Fournier in our city), Switzerland, Belgium, Russia, North America, Mexico, China, Portugal, Sweden, Czechoslovakia, Persia, South Africa, Hungary, Letonia, Japan, Ireland, Canada, Bulgaria, Cuba, Egypt, Australia, Poland, Norway, Denmark and Brazil. In this way, all the private collections which made up the magnificent collection of De la Rue had been classified.

«To obtain all that collection», declares don Luis Monreal y Tejada, «More than twenty years ago, was extraordinary. Because in Fournier we had collected almost all the Spanish cards but we did not have any good international decks.

Deck printed by J. Müller from Diessenhofen in 1874.

baina praktikoki ez genuen nazioarteko pieza on bat ere. Bikoizturik, bikoizturik..., Sotheby's-en egin zen enkantearen ondorioz, oso urriak ziren aleak jasotzen genituen. De La Rue-k egin zuen erabat guztia alda zedin, ordurarte gure Museoak zuen garrantzi erlatiboari bira emanaz. Praktikoki, azaroaren 30 egun hartan, «golpe batean» lortutako piezen kopuru bera, benetako zirrarazkoa izan zen, gauetik-goizera «Fournier» Museoaren aleak bikoiztera heldu ziren haina.

Eta De La Rue Bibliotekako obrak erantsi behar ziren, «laburtua, baina oso ona» Monreal eta Tejada Jaunaren eritziz: Benham-en obrak, Carlos II.arenak, Hergrave-renak, Henry Jones-enak, lady Charlotte Schreiber edo Singer-enak, guztiak karten teknikei eta Historiari buruzkoak. Beraiekin batera, hamasei albumak, gutxi gorabehera —gutxienez enkantegileen liburuxhan eskaintzeko ere ez ziren kontatu— lapitzez, tintaz eta akuarelaz egindako mila eta berrehun eta berrogeita hamar marrazki, beste hogeita bost album gehiagotan bildutako, 1866.etik 1958. urte arteko karten alderantzietarako beste zortzi mila eta bostehun zirrimarra egin ahal izateko jatorrizkoak.

Baina, bere kartulinetarako hain berezia eta baikorra zen uretan, alkoholetan eta goma-lakan barnizko nahastura, horrela lehen garai haietako karten merkataritza inprimetzailea biratuz, aurkitu zuen britainiar fabrikante hark, enkante bidez, askoz ere baliotsuagoa zen beste zerbait «Fournier» Museoari eman zion: Ramón Alfaro Fournier Jaunak «Karten Gioconda» bezala deitzen zion, eta Luis Monreal Jaunak berriz, sinpleki, «El Incunable» deitzen zion pieza. Bai: Rhin Garaiko plegu xilografikoa, 1460.ean egin zela nazioarteko adituek ziurtatua, eta —Alfaro Fournier bizi zela «dixit»— «munduan dauden piezarik antzinenetako bat» da.

Duplicates, duplicates ... we received very few decks as a consequence of the auction in Sotheby's. De la Rue changed all this and transformed our Museum, which had been of little relative importance, into a great collection. In practical terms the number of decks obtained at one blow on that 30th November was truly impressive to the extent that overnight the number of cards in the Fournier Museum was doubled».

Mention should also be made of the works from the De la Rue Library «Small, but very good,» in the opinion of Mr. Monreal y Tejada: the work of Benham, of Charles II, of Hargrave, of Henry Jones, of Lady Charlotte Schreiber or Singer, all of these relating to the techniques and the history of playing cards. In addition, sixteen albums containing about two hundred and fifty original pencil, ink and water colour drawings made for another 8.500 sketches for the backs of playing cards during 1866 and 1958 gathered together in another twenty-five albums which had not even been counted to offer in the catalogue of the auction.

But the British manufacturer who had invented such an extraordinary mixture of water varnish, alcohol and shellac for its cards, thereby revolutionizing the playing card printing market of that time, providing, through that auction, something which was much more valuable to the Fournier Museum: the deck defined by don Ramón Alfaro Fournier as «La Gioconda of playing cards», but which don Luis Monreal prefers to call, simply, «The Incunabulum». Indeed, the xylographic signature of the Upper Rhein which international experts certify as having been produced in 1460, —is the finest item in the Alfaro Fournier collection— «one of the most ancient decks which exists in the world.»

1991KO EKAINA, HISTORIA ERREPIKATZEN DA

...Nahiz eta, jakina, historia ez zen orduan ez hor amaitu.

1991ko ekainaren 7an, ostirala, karta bilduma bat atera zen berriro enkantera Sotheby's-en egoitza nagusian, Londresen. Esan daiteke loterik interesgarrienak arabar erosleen esku geratu zirela berriro ere: Fournier Karta Museoa, Arabako Foru Aldundiaren bitartez.

Arabako Aldundiaren ordezkariak ez ziren egon Sotheby's-ek Londresen duen aretoan, enpresa honek Bartzelonan dituen bulegoetatik parte hartu bait zuten enkantean, bai eta lote batzuk eta besteak erosi ere; hain zuzen ere, behialako egun batean Monreal Tejadarekin hizketan egondako Pasaje Domingoko lokal beretan, Gracia pasealeku ondoan.

Enkantea azkar asko erabaki zen, telefonoz aritu beharrak eragindako etenek Fournier Karta Museoaren alde jokatu zutelarik.

Zortearen nahia, ala seigarren zentzuaren eta intuizioaren lana? Kontua da, aipatzen ari garen kartazaletasunaren mundu bitxi korapilatsu honetan, Gasteizek eta bere museoak probetxu handia atera dutela honelako enkante bereziak gertatu diren abagaduneetatik.

Zeintzu pieza eskuratu diren? Bada, zortzi lotetan guztira agertzen ziren berrogeitahiruak. Onena, zalantzarik gabe, Marseilako Tarot bikain bat, hirurogeita hamazortzi kartakoa, duela bi mendekoa. Kaplan Entziklopediak pieza bakantzat zeukan, eta bostehun eta zazpirehun berrogeitamar libera esterlina zen enkantera ateratzean lortzea espero zen prezioa. Bi mila larehunetaraino igo, eta fardelak egin zituen Gasteiza etortzeko.

JUNE 1991: HISTORY REPEATS ITSELF

...although the story did not in fact end then or there.

On Friday, June 7th 1991, another collection of playing cards was auctioned at Sotheby's in London. It can be said that the most interesting lots, once more, were purchased by a buyer from Alava, this time the Fournier Playing Card Museum at the hand of the Provincial Council of Alava.

The Provincial Council's team was not present at Sotheby's in London, but took part in the auction, buying different lots from the offices of that company in Barcelona exactly the same premises in the Pasajė Domingo, next to the Paseo de Gracia, which we had mentioned with respect to Monreal y Tejada.

It was a very fast auction, in which the delays afforded by the telephone procedures favoured the representatives of the Fournier Playing Card Museum.

Strokes of luck, or, rather, the use of their sixth sense and intuition? What is certain is that in this peculiar and complicated world of playing card collecting, to which we refer, Vitoria-Gasteiz and its Museum have taken advantage of all the possibilities they have had on the two occasions in which the two large auctions have taken place.

Which cards? Well, the forty-three decks which were included in a total of eight lots. The best one, without doubt, the Marseilles Tarot, consisting of seventy eight cards, dates back a couple of centuries. The Kaplan Encyclopedia had catalogued this deck as a unique specimen and it was expected to fetch between five hundred and seven hundred and fifty pounds sterling. It reached two thousand

Gero, eskuz margoturiko hamabi kartako plana bat, XVII mendekoa. Espero zen prezioarekin zintzoago ibili zen, eta azkenerako zazpirehun eta berrogeitamar liberatan atera zen.

Beste bi lote baziren aspalditik bilatuak: «Unibertsoko Kartak edo Munduko Lau Alderdiren Jokoa», Delaunayk 1820an tajutua, Parisen seguru aski; eta azken bi mendeetan Kessman-ek Bruselan eta Marc, Gatteaux eta Grimaud-ek Parisen inprimaturiko bilduma estandardetako bost piezak osatzen zutena. Unibertsoko kartajokoa bere prezioa bi halakotan atera zen, mila berrehun liberatan alegia, eta beste horrenbeste egin zuen bigarrenak ere, bostehun gehiagoraino iritsi bait zen.

Azkenik, ekainaren zazpiko enkante honek beste zenbait pieza gehiago ere eskuratu dizkio Fournier Museoari: Alemaniako hamazortzi, Bretainia Handiko beste zortzi —haietako bat De la Rue-k 1860an prestatua—, beste nazio batzutako lan gehiago —haien artean, Garciaren bat, Madrilekoa, XIX mendearen erdialdekoa—, eta Vienako bost kartako lote bat, haien artean Pacienceko bi, Joseph Glauz-ek 1859an landuak.

Karta-jokua, Oleak Cádiz-en egina, 1870. aldera.

four hundred pounds and then began to pack its bag to come to Vitoria-Gasteiz.

Then a beautiful signature with twelve hand-coloured cards from the 17th century. This pack came near to its target price and finally went for seven hundred and fifty pounds.

Another two lots which had been pursued for a long time: the «Universe Deck», or the «Game of the Four Corners of the World», made by Delaunay in 1820, probably in Paris, and another lot made up of five standard collection pieces, printed during the last two centuries in Brussels by Kessman and in Paris by Marc, Gatteaux and Grimaud. The universal deck doubled its initial price and fetched one thousand two hundred pounds and the second lot also doubled its price, going for five hundred pounds more.

Finally, the auction, which was held on 7th June, had provided the Fournier Museum with eighteen German packs, eight British —one of them produced in 1860 by De la Rue—four more of different nationalities —one of them, for example, by García of Madrid, in the middle of the 19th century— and a lot of five decks from Vienna which included two decks for playing patience, made by Joseph Glanz in 1859.

Curiously, the amount the Museum had to pay Sotheby's twenty years afterwards was similar to the amount which don Félix Fournier had had to pay at that first auction: although the final price at that time was twelve thousand pounds, now the total amounted to ten thousand nine hundred and fifty pounds exactly. The bidders in Barcelona, in fact, had no more money available and were forced to use their calculators to the full, ignoring lots which were of less importance to the Museum which consisted of very interesting cards but which were already present in the catalogues in the Palace situated in the Paseo de Fray Francisco. On the other hand,

Gauza harrigarri bat: Sotheby's-i eman beharreko ordaina Felix Fournier jaunak lehen enkante hartan eman behar izan zuen diru kopurutik oso hurbil dago; garai hartan azken prezioa hamabi mila liberakoa izan bazen, oraingoa, guztira, hamar mila bederatzirehun eta berrogeitamarrekoa izan da, zehazki. Egia esan, aurrekontuak ez zuen gehiagorik ematen, eta eskeintzaileek lan gogorra egin behar izan zuten kalkulagailuekin, alde batera utzirik Museoarentzat garrantzi gutxiago zeukaten lote batzuk, haien artean oso karta interesgarriak, baina Fray Francisco ibilbideko jauregian jadanik sailkatuta daudenak. Trukean, aparteko pieza batzuk ekarri dizkigute —hor dago «Unibertsoko Kartajokoa», beraiek «mirari»tzat jotzen dutena—, batzuk Fournier Museoan agertzen ez ziren kartagileenak —Delaunay frantsesa, esaterako—; baina, batez ere, gure museoa alor berezi honetan, zalantzarik gabe, munduko lehena dela frogatzea lortu dute: puntan dagoen museo bat da, benetan, eta kalkulaezina da haren piezen kotizazioa.

Esan gabe doa, gero eta karta-joko zahar gutxiago geratzen da merkatuan munduko kartazaleen esku. Eta bildumak lehertu egin dira —hala adierazi digute elkar agurtzean— ekonomiaren ikuspegitik. De la Rue-ren kotizazioak izugarri egin du gora, 1970tik museoan daukagunez gero...

Goia jo dugu, argi eta garbi, pentsatzen hasi ginenetik hiru mende laurden igaro direnean.

they were able to purchase exceptional pieces such as the «Universe Deck» which they themselves classified as a «wonderful deck», some of manufacturers which

Deck manufactured by Olea in Cadiz circa 1870.

had not appeared in the Fournier Museum before, such as the French manufacturer, Delaunay, and, especially, they were able to confirm the Museum of Alava as the unquestionable number one in the world in this field: a museum which is truly at the top of the tree with a priceless collection.

Logically there are fewer and fewer decks of playing cards on the market at the disposal of collectors throughout the world, and, according to all reports, the value of collections has increased enormously. The De la Rue collection is now worth a great deal more than when it was bought by this Museum in 1970.

Three quarters of a century of endeavour have finally produced the finest playing card museum in the world.